V&R

Andreas Gold

Lesen kann man lernen

Lesestrategien für das 5. und 6. Schuljahr

Mit 13 Abbildungen

2., bearbeitete und aktualisierte Auflage

Vandenhoeck & Ruprecht

Bibliografische Information der Deutschen Nationalbibliothek

Die Deutsche Nationalbibliothek verzeichnet diese Publikation in der
Deutschen Nationalbibliografie; detaillierte bibliografische Daten sind
im Internet über http://dnb.d-nb.de abrufbar

ISBN 978-3-525-31008-3

Inhalt

Vorwort   7

1. Lesekompetenz   11

2. Lesesozialisation   24

3. Leseinteresse, Lesemotivation und Selbstkonzept   37

4. Strategisches Lesen   48

5. Leseförderung im Unterricht   54

6. Die Textdetektive   69

7. Die Wirksamkeit der Textdetektive   86

8. Die Textdetektive in der Unterrichtspraxis   97

9. Kann man Lesen lernen?   107

Literatur   117

Anhang   123

Vorwort

In den letzten Jahren sind eine Reihe von Unterrichtsmaterialien und Trainingsprogrammen zur Förderung der Lesekompetenz veröffentlicht worden. Das hat nicht nur mit der Besorgtheit in Folge des internationalen Vergleichs PISA 2000 zu tun. Vielmehr hat die pädagogisch-psychologische Lehr-Lern-Forschung in der vergangenen Dekade vermehrt die in anderen Ländern bereits erfolgreichen Förderansätze aufgegriffen und weiterentwickelt. Viele Fördermaßnahmen zielen auf das verstehende Lesen im beginnenden Sekundarschulbereich – setzen also das flüssige Beherrschen der Schriftsprache bereits voraus. Aber auch zur Förderung der notwendigen Vorläuferkompetenzen im Vor- und Grundschulalter – wie der phonologischen Bewusstheit, des Wortschatzes und der raschen Worterkennung –, gibt es bereits in der Praxis bewährte Trainingsprogramme.

Lesen kann man lernen ist ein Buch über die Entwicklung der Lesekompetenz und über Möglichkeiten zur Förderung des kompetenten Lesens. Es wird dargestellt, welches die Bedingungen einer gelungenen Lesesozialisation sind und was Eltern und Lehrer tun können, um den Kompetenzerwerb begleitend zu unterstützen. Es wird auch auf die Bedeutsamkeit des Leseinteresses und der Lesemotivation für das Leseverhalten eingegangen. Die Kenntnis und Anwendung von Lesestrategien erleichtern das verstehende Lesen. Ein Schwerpunkt von *Lesen kann man lernen* liegt deshalb auf der Darstellung eines Unterrichtsprogramms zur Vermittlung von Lesestrategien in fünften und sechsten Klassen. Die Programminhalte sind auf der Grundlage kognitionspsychologischer Modelle des Textverstehens entwickelt worden. Sie zielen auf die Förderung des selbstregulierten und strategischen Lesens. Das gesamte Unterrichtsprogramm umfasst etwa 20-25 Unterrichtsstunden – ein vollständig ausgearbeitetes Lehrermanual und ein zugehöriges Schülerarbeitsheft sind inzwischen in der 2. bzw. 3. Auflage erhältlich. Im vergangenen Jahr sind zudem eine Wiederholungseinheit auf anspruchsvollerem Niveau sowie eine für schwache Leser adaptierte Programmversion fertiggestellt worden. Eine Programmversion für den Englischunterricht gibt es inzwischen auch.

Das Unterrichtsprogramm *Wir werden Textdetektive* ist erfolgreich. In den vergangenen sechs Jahren ist es kontinuierlich evaluiert und weiterentwickelt worden. Die wissenschaftlichen Wirksamkeitsprüfungen beziehen mittlerweile mehr als 150 Schulklassen unterschiedlicher Schularten ein. Es wurden aufwendige Untersuchungen zur allgemeinen Programmwirksamkeit, zur besonderen Wirksamkeit für Teilgruppen von Lernenden und zur Nachhaltigkeit von Effekten durchgeführt. Eine Reihe von Folgerungen für den unterrichtspraktischen Einsatz lässt sich daraus ableiten. Sie zeigen, welche optimierenden Maßnahmen möglich sind und mit welchen Hemmnissen bei der Programmdurchführung zu rechnen ist.

Ursprünglich haben Wissenschaftler – nicht Praktiker – das Unterrichtsprogramm konzipiert. Es ist aber von Anfang an auf seine Praxistauglichkeit geprüft und aufgrund der praktischen Erfahrungen der Lehrerinnen und Lehrer stetig verändert und verbessert worden. Ein sichtbares Ergebnis dieser formativen Evaluationsschritte sind die bereits erwähnten Manuale und Arbeitshefte. Auf dem Weg dorthin war es richtig und notwendig, die Wirksamkeit einzelner Programmbausteine unter kontrollierten Bedingungen wissenschaftlich zu überprüfen. Die dabei gewonnenen Erkenntnisse rechtfertigen es, nicht nur von einem unterrichtstauglichen, sondern auch von einem nachweislich wirksamen Förderprogramm zu sprechen. Langfristig und nachhaltig kann das Programm allerdings nur dann wirksam sein, wenn sich die Lehrerinnen und Lehrer die grundlegenden Programmprinzipien tatsächlich zu eigen machen und in geeigneter Form auch weiterhin in ihren alltäglichen Unterricht integrieren.

Nicht selten bleiben wissenschaftliche Lehr-Lern-Forschung und unterrichtliche Praxis strikt voneinander getrennt, selbst dann, wenn es sich bei der wissenschaftlichen um eine »angewandte« Fragestellung handelt, die sich direkt auf das unterrichtliche Geschehen bezieht. Beiträge in Fachzeitschriften und fachwissenschaftlichen Büchern spiegeln den wissenschaftlichen Ertrag dieser Forschung – für die zu den Textdetektiven verfassten Forschungsarbeiten findet sich eine Auflistung im Anhang dieses Buches. Damit die Ergebnisse der wissenschaftlichen Arbeiten auch praktische Relevanz gewinnen und in den Unterricht »zurückfließen«, müssen sie transformiert und adaptiert, vor allem aber zunächst einmal kommuniziert werden. Mit dem hier vorgelegten Band wird in diesem Sinne ein Versuch unternommen.

Das Buch richtet sich an alle, die sich für Leseförderung interessieren und die damit zu tun haben. Denn Leseförderung geht uns alle an und ihr Gelingen ist für jeden Einzelnen von uns von Bedeutung. Wer nicht gut lesen kann, wird schulische und berufliche Anforderungen nur schwer bewältigen können. Klaus Ring, der langjährige Geschäftsführer der Stiftung Lesen, hat das ganz pragmatisch so formuliert: »Leseförderung ist die preiswerteste Zukunftsinvestition für Individuen, Wirtschaft und Gesellschaft.«

Das Unterrichtsprogramm *Wir werden Textdetektive* wurde zusammen mit Elmar Souvignier und Judith Mokhlesgerami an der Universität Frankfurt/Main entwickelt. Es baut auf einem von Stephanie Schreblowski (Universität Göttingen) für den Einsatz in Kleingruppen konzipierten Strategietraining auf. Die wissenschaftlichen Studien zur Evaluation der Programmwirksamkeit wurden mit Unterstützung der Deutschen Forschungsgemeinschaft (GO 965/1-1 und GO 965/2-1) durchgeführt. Faye Antoniou, Judith Mokhlesgerami, Katja Rühl und Isabel Trenk-Hinterberger waren als wissenschaftliche Mitarbeiterinnen in diesen Forschungsprojekten tätig. Elmar Souvignier hat Leitungsfunktionen wahrgenommen, nachdem ich mich wegen Übernahme anderer Verpflichtungen weitgehend aus der Projektarbeit zurückgezogen hatte. Ohne ihn und die genannten Mitarbeiterinnen wären die Erkenntnisse, über die im Folgenden berichtet wird, nicht erzielt worden. Mein Dank gilt auch den Lehrerinnen und Lehrern, die bereit waren, das Unterrichtsprogramm zu erproben.

Bei der Fertigstellung dieses Manuskripts wurde ich durch hilfreiche Kommentare unterstützt. Dafür bedanke ich mich bei Daniel Nix, Cornelia Rosebrock, Elmar Souvignier und Isabel Trenk-Hinterberger.

Frankfurt, im Dezember 2006   Andreas Gold

1. Lesekompetenz

Worum geht es?

Um einen Teilbereich der sprachlichen Kompetenz, nämlich die Fähigkeit, Schriftliches zu verstehen und zu nutzen. Dass über Lesekompetenz und Leseförderung derzeit auch außerhalb der Fachöffentlichkeit so viel gesprochen und geschrieben wird, hat mit der Rezeption der großen internationalen Vergleichsstudien wie PISA (Programme for International Student Assessment), IGLU (Internationale Grundschul-Lese-Untersuchung) oder DESI (Deutsch Englisch Schülerleistungen International) zu tun, genauer: mit dem unerwartet schwachen Abschneiden der deutschen Schulen in diesen Vergleichsstudien. Aus lernpsychologischer Sicht wirken beim kompetenten Lesen zwei kognitive Prozesse des Textverstehens zielführend zusammen: das Entschlüsseln und Nutzen der im Text selbst enthaltenen Informationen und das Verknüpfen dieser Informationen mit dem individuell bereits vorhanden Wissen. Das Besondere ist: Die Qualität dieser beiden Prozesse lässt sich durch geeignete Maßnahmen förderlich beeinflussen.

Die Literalität oder Schriftlichkeit (literacy) ist ein wesentlicher Teil der Allgemeinbildung. Mit dem lateinischen *litteratus* ist eine lese- und schreibkundige Person bezeichnet. Im Römischen Kaiserreich traf das auf etwa ein Siebtel der Bevölkerung des Kerngebiets zu, in den Provinzen wurde weniger gelesen. Lesekompetenz (reading literacy) ist die Fähigkeit, Schriftliches zu verstehen und zu nutzen, um eigene Ziele zu erreichen, das eigene Wissen zu mehren und am gesellschaftlichen Leben teilzuhaben. Funktional verstanden ist die Kompetenz des verstehenden Lesens somit ein notwendiges Kulturwerkzeug – zugleich eine Grundvoraussetzung für den Erwerb von Bildung. Sie baut auf den grundlegenderen Fertigkeiten der Buchstaben- und Worterkennung sowie der Kenntnis von Wortbedeutungen auf und setzt einen hinreichend automatisierten Lesefluss voraus.

Ganzheitlicher und weniger pragmatisch betrachtet, ist Lesekompetenz allerdings mehr als nur die bloße Informationsaufnahme aus Texten. Zum kognitiven Prozess der Informationsverarbeitung treten stets motivationale (zu welchem Zweck und aus welchem Grund lesen?) und emotionale Aspekte (mit welchen Bedürfnissen und Gefühlen lesen?) hinzu. Gleichzeitig ist die Lektüre meist in soziale Prozesse eingebunden, so dass der Funktion der Anschlusskommunikation in Folge des Gelesenen ein wichtiger Stellenwert zukommt. So verstanden ist Lesekompetenz nicht nur Werkzeug, sondern zugleich integraler Bestandteil einer umfassenderen *Lesekultur* (Hurrelmann, 2002).

Gelesen und geschrieben wird seit mehr als 5000 Jahren. In den Hochkulturen Ägyptens und Mesopotamiens beherrschten nur wenige professionelle Schreiber die Wörterschriften – vornehmlich zur Verwendung in merkantilen und administrativen Angelegenheiten. Noch um 1800, so schätzt Schön (1999), las hierzulande kaum ein Prozent der erwachsenen Bevölkerung regelmäßig. Des Lesens grundsätzlich mächtig war aber ein wesentlich größerer Prozentanteil – man beziffert ihn auf etwa 25 Prozent. Schon 100 Jahre später war mit einem Alphabetisierungsgrad von 95 Prozent in etwa die heutige Situation erreicht. Nur zwei Drittel der Erwachsenen konnten allerdings um 1900 gut lesen. Bis heute gibt es Problemgruppen mit unzulänglichen schriftsprachlichen Fertigkeiten. Bonfadelli (1999) rechnet für die sogenannten funktionalen Analphabeten mit einer Quote zwischen 13 und 23 Prozent. Funktionale (auch sekundäre) Analphabeten sind solche Erwachsene, die schriftsprachliche Kompetenzen zwar in ihrer Schulzeit einmal erworben hatten, das Lesen und Schreiben dann aber doch nicht hinreichend beherrschen oder wieder verlernt haben. Natürliche (auch primäre) Analphabeten gibt es demgegenüber bei uns kaum. Die allgemeine Schulpflicht stellt nämlich sicher, dass jedes Kind die Chance erhält, Lesen und Schreiben zu erlernen. Dass es unter den Jugendlichen allerdings eine große Gruppe mit nur geringen Lesekompetenzen gibt, zeigen die Ergebnisse der OECD-PISA-Studie: Dreiundzwanzig Prozent der Fünfzehnjährigen an deutschen Schulen erreichen höchstens Kompetenzstufe I, das ist die Fähigkeit, einfache Texte oberflächlich zu verstehen (Baumert, Klieme, Neubrand, Prenzel, Schiefele, Schneider, Stanat, Tillmann & Weiß, 2001).

Beispiel: Prozentanteile für die im PISA-Test in der deutschen
Stichprobe erreichten Stufen der Lesekompetenz

Kompetenzstufen	Anforderungen	Anteile
Stufe V (ab 626 Punkte)	Flexible Nutzung unvertrauter, komplexer Texte	(9%)
Stufe IV (ab 553 Punkte)	Detailliertes Verständnis komplexer Texte	(19%)
Stufe III (ab 481 Punkte)	Integration von Textelementen und Schlussfolgerungen	(27%)
Stufe II (ab 408 Punkte)	Herstellen einfacher Verknüpfungen	(22%)
Stufe I (ab 335 Punkte)	Oberflächliches Verständnis einfacher Texte	(13%)
(weniger als 335 Punkte)		(10%)

Der PISA-Test ist so normiert, dass über die 32 teilnehmenden
OECD-Länder hinweg der Leistungsmittelwert für die ca. 180.000
getesteten Fünfzehnjährigen bei 500 Punkten liegt. Die sogenannte
Standardabweichung beträgt 100 Punkte: Das bedeutet, dass etwa
zwei Drittel (68%) aller Testteilnehmer einen Leistungswert im Bereich zwischen 400 und 600 Punkten aufweisen. Es bedeutet auch,
dass jeweils 16 Prozent der Testteilnehmer Leistungswerte unter 400
bzw. über 600 Punkten erreicht haben. Neben Deutschland (Mittel-
wert 484 Punkte) liegen nur zwei weitere mitteleuropäische Länder
(Liechtenstein und Luxemburg) unter dem Durchschnitt der teilnehmenden OECD-Länder. In Deutschland besonders intensiv diskutiert
wurden die Ergebnisse der nationalen Erweiterungsstudie PISA-E, in
welcher zusätzlich die Lesekompetenz bei ca. 50.000 Neuntklässlern
aus insgesamt 14 Bundesländern erfasst wurde. Nur in Bayern und
Baden-Württemberg lagen die mittleren Leistungen bei 500 Punkten
oder darüber.

Natürlich ist der hohe Prozentanteil schwacher und sehr schwacher Leser erschreckend. Denn die muttersprachliche Lesekompetenz ist besonders wichtig. Seit jeher öffnet Lesen den Zugang

zur Bildung und zur Information – in einer Kultur- und Wissens-
gesellschaft ist das eine notwendige Voraussetzung der sozialen
Handlungsfähigkeit. Schulische und berufliche Bildung und
Ausbildung, aber auch der wirtschaftliche Erfolg, sind ohne
Lesekompetenz kaum vorstellbar. Wissensökonomen wollen
berechnet haben, dass mit einer um ein Prozent verbesserten
Lesefähigkeit die Arbeitsproduktivität einer Volkswirtschaft um
2.5 Prozent gesteigert werden könne. Nur wenige kognitive
Kernkompetenzen werden als annähernd gleichrangig betrachtet
– in den OECD-Studien etwa die mathematische und die natur-
wissenschaftliche sowie die bereichsübergreifende Problemlöse-
kompetenz. Und wer meinte, mit der Verbreitung der neuen
Medien ginge die Bedeutsamkeit der schriftlichen Kommunikation zurück, wurde längst eines Besseren belehrt: Um die elektronischen Medien effektiv nutzen zu können, ist die Lesekompetenz eine der wesentlichen Voraussetzungen.

Was ist eigentlich eine Kompetenz? Wenn es um die Beurteilung der individuellen Leistungsfähigkeit im Zusammenhang mit
Leistungs- oder Bildungszielen geht, hat sich in der psychologi-
schen Fachliteratur der Begriff der *Kompetenz* eingebürgert.
Kompetenzen sind die auf einen inhaltlichen Bereich bezogenen
Leistungsdispositionen oder Leistungspotenziale. Je nach Ausprägungsgrad befähigen sie eine Person, bestimmte Anforderungen mehr oder weniger erfolgreich zu bewältigen. Die tatsächlich erbrachte Leistung in einer konkreten Anforderungssituation
bezeichnet man im Unterschied zur Kompetenz als Performanz.
Kompetenzen können sich auf mehr oder weniger breite Bereiche von Situationen, Aufgaben oder Anforderungen beziehen.
Im Falle der Lesekompetenz, so wie die PISA-Studie sie versteht, beziehen sich die Anforderungen in erster Linie auf das
Verstehen schriftlicher Texte.

Aus der Perspektive der *Deutschdidaktik* wird dieses enge
Verständnis von Lesekompetenz häufig kritisiert. An der PISA-
Definition, vor allem aber an der Post-PISA-Diskussion des
Leseverständnisses und seiner Förderung, wird Folgendes be-
mängelt: Es fehlten die notwendigen Bezüge zur subjektiven und
sozialen Funktion des Lesens und, entstehungsgeschichtlich, zur
individuellen Lesebiographie. Wie kommen die Leserinnen und
Leser überhaupt zum Lesen? Wie sehr lassen sie sich affektiv auf

einen Lesestoff ein und welchen Genuss ziehen sie daraus? Zu wenig thematisiert werde auch die wichtige Funktion des Lesens in Situationen der Anschlusskommunikation und für die kulturelle Praxis (Rosebrock, 2003a, 2003b, 2009). Der *Leserfaktor*, wie Beinke, Charlton und Viehoff (2006) das zusammenfassend genannt haben, umfasst aus Sicht der Deutschdidaktik deshalb neben der kognitiven Dimension des Textverstehens stets auch die Interessen und Motive, die einen Leseprozess vorbereiten sowie die Gefühle, Reflexionen und kommunikativen Prozesse im Anschluss an das Lesen.

Die unterschiedlichen Sichtweisen haben ihre Berechtigung, wo sie auf unterschiedliche Sachverhalte verweisen. Im Ergebnis ergänzen sie einander. In der PISA-Studie geht es zunächst einmal um die Kompetenzdiagnostik des Textverstehens: Texte werden besser verstanden, wenn je nach Art des Textes Informationen zielorientiert ermittelt, in geeigneter Weise mit dem Vorwissen verbunden sowie angemessen interpretiert, reflektiert und bewertet werden können. Dabei spielen Lesestrategien eine große Rolle, aber auch lernbegleitende Emotionen, die Lesemotivation und die allgemeine Intelligenz sind wichtige Bedingungsvariablen der Lesekompetenz (vgl. Schaffner, Schiefele & Schneider, 2004). Nicht bei der eigentlichen Kompetenzdiagnostik, wohl aber bei der Analyse der Genese und bei der Gestaltung von Fördermaßnahmen ist daher dem erweiterten Konzept von Lesekompetenz Rechnung zu tragen. Dort sollten die motivationalen und emotionalen Aspekte des Lesens und seine sozialinteraktive Funktion stets in die Betrachtung mit einbezogen sein. Die konstruierte Differenz ist eine andere: Ihrem Selbstverständnis entsprechend nimmt die Deutschdidaktik anstelle einer statusdiagnostischen eher eine entstehungsgeschichtlich-erklärende und zugleich förderorientierte Perspektive ein.

Für das *verstehende Informationslesen* werden (strategische) Kenntnisse, Fertigkeiten und Routinen benötigt, die ihrerseits wiederum Vorläufer- und Teilfertigkeiten voraussetzen. Vom Grad der individuellen Lesekompetenz, aber auch von der allgemeinen Leistungs- und Anstrengungsbereitschaft und von anderen Leistungsdeterminanten hängt es dann ab, wie schwierig die Aufgaben eines Leistungstests – wie bei PISA – sein dürfen, damit sie noch gelöst werden können.

Beispiel: Lesekompetenz als Reading Literacy

Lesekompetenz ist mehr als einfach nur lesen können. Aber einfach nur lesen können ist eine notwendige, wenn auch keine hinreichende Bedingung für den Erwerb von Lesekompetenz. In der OECD-PISA-Studie meint Lesekompetenz (Reading Literacy) die auf das Verstehen und Behalten gerichtete Informationsaufnahme aus Texten, verbunden mit der Fähigkeit zum Interpretieren, Reflektieren und Bewerten des Gelesenen.

Kompetent lesen bedeutet stets, sowohl textinterne Informationen zu nutzen als auch textexternes (in aller Regel eigenes Vor-)Wissen während des Lesens heranzuziehen. Das Textverstehen setzt sich deshalb aus textimmanenten und wissensbasierten Verstehensprozessen zusammen. Etwas mehr als zwei Drittel der PISA-Aufgaben beziehen sich auf die textimmanenten Verstehensleistungen: Informationen ermitteln, ein allgemeines Textverständnis und eine textbezogene Interpretation entwickeln. Zur Lösung der anderen Aufgaben muss man über die im Text selbst enthaltenen Informationen hinausgehen. Sie verlangen das Reflektieren und Bewerten von Form und Inhalt eines Textes.

Die PISA-Lesekompetenz ist nichts anderes als die Leistung im PISA-Lesekompetenztest. Die fünf oben beschriebenen Kompetenzstufen bezeichnen die unterschiedlichen Fähigkeiten der Schülerinnen und Schüler, Aufgaben unterschiedlichen Anforderungsniveaus zu lösen. Jeder der fünf Kompetenzstufen sind mehrere Aufgaben zugeordnet. Wer nicht wenigstens die Hälfte der Aufgaben einer Kompetenzstufe lösen kann, hat diese Stufe nicht erreicht. Bei der Zusammenstellung der Testaufgaben wurde Sachtexten ein größeres Gewicht gegeben als literarischen Texten.

Textgenre und Textverstehen. Die kognitionspsychologische Leseforschung hat sich ursprünglich vor allem mit dem Informationslesen aus *Sachtexten* beschäftigt – erst allmählich wird den literarischen Texten mehr Aufmerksamkeit geschenkt. Wie Christmann und Schreier (2003) ausführen, gibt es auf basaler Ebene keinen grundsätzlichen Unterschied bei der Textverarbeitung literarischer und pragmatischer Texte. Nur kommt den emotional-bewertenden Prozessen beim Lesen literarischer Texte, wie dem »Leserfaktor« überhaupt, eine größere Bedeutung zu.

16

Beispiel: Textgenre und Textformat

Lesekompetenz wird vor allem durch die ausgiebige Lektüre literarischer, insbesondere fiktionaler Texte in der Kindheit und im frühen Jugendalter erworben – also durch eine genussorientierte Rezeption unterhaltender Literatur. Deshalb gilt auch die literarische Lesepraxis der Heranwachsenden als notwendige Voraussetzung für das spätere »Informationslesen«. Neben den literarischen und nichtliterarischen unterscheidet man auch sogenannte fortlaufende und nicht-kontinuierliche Texte.

Literarische oder nichtliterarische Texte. Literarische sind Erzähltexte (narrative Texte), lyrische oder dramatische Texte. Im Deutschunterricht der Sekundarstufe – vor allem im Gymnasium – spielt die Beschäftigung mit Literatur traditionell eine große Rolle. Die besonderen Anforderungen des literarischen Verstehens bestehen über das textbezogene Interpretieren, Reflektieren und Bewerten hinaus im Verstehen des indirekten Sprachgebrauchs, im Entschlüsseln von Symbolik, Mehrdeutigkeit und Ironie und im Umgang mit einer verfremdeten Alltags- und einer künstlerischen Formensprache. Alles andere sind pragmatische Sach- oder Gebrauchstexte (expositorische Texte). In der PISA-Studie hat sich gezeigt, dass die Schülerinnen und Schüler der deutschen Stichprobe im internationalen Vergleich bei den expositorischen und bei den narrativen Texten gleich (schlecht) abschneiden. Deshalb ist auch die Hoffnung trügerisch, bei einer stärkeren Berücksichtigung literarischer Texte wäre das Ergebnis günstiger ausgefallen.

Fortlaufende oder nicht-kontinuierliche Texte. Texte können entweder fortlaufend (Erzählungen, Darlegungen, Beschreibungen) oder nicht-kontinuierlich (Grafiken, Tabellen, Formulare) gestaltet sein. Mit den Unterschieden in der Informationsdarbietung sind auch unterschiedliche Anforderungen an die Prozesse der Informationsverarbeitung verbunden. In der PISA-Studie hat sich gezeigt, dass Mädchen beim Umgang mit kontinuierlich geschriebenen Texten deutlicher überlegen waren.

Bei den literarischen Texten ist das domänspezifische Vorwissen in Bezug auf die Textinhalte weniger bedeutsam als bei den Sachtexten. Dafür ist es wichtig, dass ein auf die jeweilige literarische Textform bezogenes Vorwissen vorhanden ist und dass man den literarischen und außerliterarischen Kontext der jeweiligen Lektüre kennt (Christmann & Schreier, 2003). Für *literarische Texte* gilt auch, dass sie in stärkerem Maße unter den weiter reichenden Zielvorgaben »Interpretieren, Reflektieren und Bewerten« als nur unter der Maßgabe »Informationen ermitteln« gelesen werden.

Zwar wird bei literarischen Texten der Leseanlass meist ein anderer sein als beim Informationslesen und die Bedeutsamkeit der emotionalen Prozesse ist häufig größer. Dennoch überwiegen aus kognitionspsychologischer Sicht die Gemeinsamkeiten. Die Fähigkeit zum Zusammenfassen und Wiedergeben literarischer Texte etwa, eine der wesentlichen Voraussetzungen des nachfolgenden Interpretierens und Bewertens, profitiert von der Kenntnis und Anwendung von Verstehens- und Behaltensstrategien in ganz ähnlicher Weise wie dies beim Erarbeiten eines Sachtextes der Fall ist.

Textverstehen als mentale Repräsentation. In der kognitiven Lernpsychologie wurden Modelle entwickelt, die den *Prozess des Textverstehens* näher beschreiben (vgl. dazu Christmann & Groeben, 1999). Das bekannteste ist von Walter Kintsch (1996) und beschreibt das verstehende, sinnentnehmende Lesen als komplexes Zusammenspiel textgeleiteter (bottom-up) und schema- bzw. wissensgeleiteter (top-down) kognitiver Prozesse. Was bedeutet das? Während wir einen Textabschnitt lesen, werden aufgrund seiner Bedeutungsinhalte die bereits zuvor vorhandenen textinhaltsrelevanten Wissensbestände in unserem Langzeitgedächtnis aktiviert. Zugleich, eigentlich sogar schon vor Beginn des Lesens, beeinflussen unser Vorwissen, unsere Zielsetzungen und unsere Erwartungen die Auswahl und die Intensität der Lektüre und die Qualität der subjektiven Re-Konstruktion der in der Textvorlage enthaltenen Bedeutungen.

Im Ergebnis entsteht so text- und leserseitig gesteuert subjektive Bedeutung als kognitive Repräsentation des Gelesenen (Abbildung 1). Diese kognitive Repräsentation des Gelesenen bezeichnet man auch als mentales (geistiges) Modell – Kintsch nennt es ein *Situationsmodell*.

Bei den kognitiven, also den Denk-Prozessen, wird mit Blick auf ihren Automatisierungsgrad häufig zwischen »hierarchiehohen« und »hierarchieniedrigen« unterschieden. *Hierarchieniedrig* sind etwa die Prozesse der Buchstaben- und Wortidentifikation, also das Erkennen der Wortbedeutung. Beim geübten und erfahrenen Leser vollziehen sie sich weitgehend automatisiert. Das gilt auch für das Erkennen der Bedeutungshaltigkeit eines ganzen Satzes. Selbst das Erkennen der zusammenhängenden Bedeutungshaltigkeit eines Textabschnitts beruht meist noch auf den weitgehend automatisiert verlaufenden hierarchieniedrigen Prozessen: Einzelne Propositionen (Bedeutungseinheiten) werden dabei durch Prozesse der *lokalen Kohärenzbildung* miteinander verknüpft. In der Terminologie von Walter Kintsch entsteht auf diese Weise zunächst die sogenannte *Textbasis*, eine erste kohärente, zusammenhängende mentale Textrepräsentation. Schon die propositionale Textbasis abstrahiert allerdings vom Wortlaut und von der syntaktischen Struktur der Textvorlage.

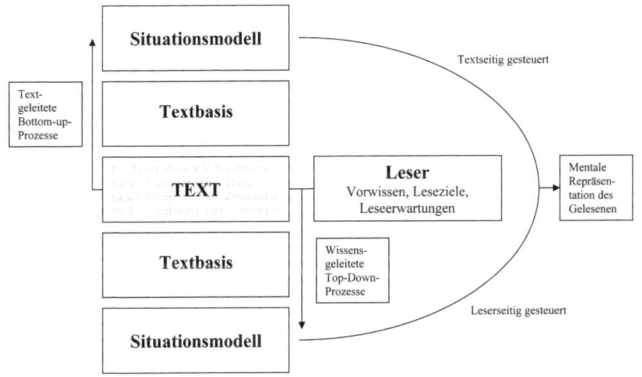

Abb. 1: Textverstehen als mentale Repräsentation

Die Fähigkeit des mühelosen, schnellen lauten (auch betonten) und leisen Lesens indiziert das Beherrschen der hierarchieniedrigen Prozesse durch den fluenten, flüssigen Leser. Bei den disfluenten Lesern sind die hierarchieniedrigen Prozesse dagegen noch nicht hinreichend automatisiert. Disfluente Leser arbeiten sich deshalb häufig Wort für Wort durch einen Text und stoßen zu den höheren Verstehensleistungen nur mit Mühe vor.

Die *hierarchiehohen* Prozesse setzen an der Textbasis an und transformieren sie. Von ihr ausgehend werden anhand formaler Regeln (z.B. Auslassen und Auswählen, Verallgemeinern und

Integrieren) semantische Verdichtungen und Erweiterungen des Gelesenen gebildet, um zu einer *globalen Kohärenzbildung*, einer von den sprachlichen Textstrukturen abstrahierten Bedeutungsrepräsentation, zu gelangen. Diese zweite Form der Kohärenzbildung wird auch als Aufbau und Verbindung semantischer Makrostrukturen bezeichnet. Die daran beteiligten Prozesse vollziehen sich selbst beim geübten Leser nicht unbedingt automatisiert. Sie lassen sich durch den zielgerichteten Einsatz von Strategien beeinflussen und optimieren. Das resultierende mentale Modell – das Situationsmodell – entspricht der kognitiven Repräsentation eines Textinhalts. Es ist in idiosynkratischer Weise leserseitig ziel-, erwartungs- und vorwissensgeleitet anhand der im Text enthaltenen Informationen konstruiert worden. Im Situationsmodell sind die Merkmale der Textvorlage in veränderter Form abgebildet – es repräsentiert die Inhalte, auf die sich ein Text bezieht.

Beispiel: Idiosynkrasie

Um einen Text zu verstehen, müssen Sie die Wortbedeutungen kennen. Alle Wortbedeutungen? Nein! Denn vieles erschließt sich aus dem Zusammenhang. Deshalb sind Sie über das Wort »idiosynkratisch« vermutlich auch nur kurz gestolpert. Oder sind Sie doch hängengeblieben und haben im Lexikon oder in einer elektronischen Suchmaschine unter Idiosynkrasie beispielsweise das Folgende gefunden: »Einzigartigkeit, Selbst-Eigenheit, Eigentümlichkeit«? Was die Sache erschwert haben mag: Der Begriff ›Idiosynkrasie‹ wird in der Medizin, in der Psychologie und in der Sprachwissenschaft mit durchaus unterschiedlicher Bedeutung verwendet. Hier ist gemeint, dass das Situationsmodell, also die kognitive Repräsentation eines Textinhalts, in sehr individueller Weise »einzigartig« von den Lesenden konstruiert wird. Ein- und dieselbe Textvorlage wird nämlich bei verschiedenen Lesern durchaus unterschiedliche inhaltliche Repräsentationen zur Folge haben.

Solches Nachdenken und Nachforschen ist zwar zeitaufwendig und hemmt den Lesefluss, es fördert aber das Textverstehen. Eine andere Möglichkeit, das Textverstehen zu erleichtern, bestünde natürlich darin, dass ein Autor auf eigentümliche und/oder hochgradig unbekannte bzw. uneindeutige Worte einfach verzichtet, vor allem dann, wenn sich das Gemeinte auch anders bezeichnen lässt (Stichwort: Textverständlichkeit).

Kann man in diese Prozesse eingreifen? Man kann! Empirische Untersuchungen haben gezeigt, dass sich die individuelle Lesekompetenz in der Tat durch das verfügbare Lesestrategiewissen und durch den Einsatz von *Lesestrategien* (sie wirken auf die hierarchiehohen Prozesse) sowie durch einen reichhaltigen Wortschatz und die Leichtigkeit der Worterkennung (sie wirken auf die hierarchieniedrigen Prozesse) vorhersagen und beeinflussen lässt. Hinzu kommt der Einfluss des Leseinteresses und der Lesemotivation bei der Entwicklung der Lesekompetenz. Die allgemeine Intelligenz, das heißt, die Fähigkeit zum schlussfolgernden Denken, spielt für die individuelle Lesekompetenz eine noch größere Rolle. Wenn es sich um das Verstehen von Sachtexten handelt, tritt noch das inhaltliche Vorwissen hinzu (Schaffner et al., 2004). Dass auch das Wissen über Textsorten das Textverstehen erleichtert, versteht sich von selbst. Man wird an literarische und pragmatische, aber auch an die unterschiedlichen Textmuster der literarischen Texte mit unterschiedlichen Lesezielen und Lesemethoden herangehen, wenn man über die Besonderheiten von Textgattungen Bescheid weiß.

Katja Rühl (2006) hat in einer Untersuchung mit 247 deutschen Schülerinnen und Schülern aus Haupt-, Real- und Gesamtschulen gefunden, dass das Verstehen einfacher narrativer Texte vor allem vom Wortschatz, zusätzlich jedoch auch vom lesestrategischen Wissen abhängig war. Für Kinder, die zu Hause eine andere Sprache als Deutsch sprechen (N = 316), war der Wortschatz ebenfalls vorhersagekräftig. In gleicher Weise wichtig war aber bei ihnen die Dekodiergeschwindigkeit, d.h. die schnelle Worterkennung. Zusätzlich spielte das lesestrategische Wissen eine Rolle. Durch das Kennen und Anwenden von Lesestrategien, um die hierarchiehohen Prozesse zu unterstützen, lässt sich also offenbar tatsächlich ein besseres Leseverständnis erreichen. Bei den nicht muttersprachlich unterrichteten Kindern scheinen aber auch die noch wenig automatisierten hierarchieniedrigen Prozesse der Wort- und Satzerkennung, die für das flüssige Lesen Voraussetzung sind, lohnenswerte Ziele von Fördermaßnahmen.

Nicht alle Bedingungsvariablen der Lesekompetenz lassen sich durch pädagogische Maßnahmen leicht beeinflussen. Aber aus Studien wie der gerade beschriebenen sowie aus anderen

Vergleichen guter und schwacher Leser(innen) lassen sich im Hinblick auf Ansatzpunkte zur systematischen Förderung der Lesekompetenz zwei einander ergänzende Schlussfolgerungen ziehen. Lesekompetenz im Sinne des verstehenden Lesens lässt sich demnach fördern:

1. durch eine Festigung und Optimierung der hierarchieniedrigen Prozesse, etwa durch Maßnahmen zur Steigerung der Dekodiergeschwindigkeit und zum Ausbau des Wortschatzes und

2. durch eine Einübung und Unterstützung der hierarchiehöheren Prozesse, etwa durch die Vermittlung kognitiver und metakognitiver Lesestrategien.

Beide Förderlinien sind (neben anderen Maßnahmen) in den vergangenen Jahren verfolgt worden und haben sich als wirksam erwiesen. Insbesondere bei schwachen Leser(inne)n und im Primarschulalter ist eine Förderung der Automatisierungsprozesse im hierarchieniedrigen Bereich *(z.B. durch Lautlesen und Viellesen)* häufig notwendig und hilfreich. Entsprechende Trainingsprogramme und Unterrichtskonzepte hierzu sind vor allem in den USA entwickelt worden. Sie propagieren nach der Devise *Lesen lernt man durch lesen* z.B. die extensive leise Lektüre im Unterricht oder das laute Vorlesen in unterschiedlichen Formaten. Cornelia Rosebrock und Daniel Nix (2006) haben hierzu einen aktuellen Forschungsüberblick vorgelegt.

Bei guten *und* bei schwachen Leser(inne)n lassen sich die hierarchiehöheren Prozesse durch die Anwendung kognitiver und metakognitiver Strategien *(Strategisch Lesen)*, wie sie im vierten Kapitel dieses Buches näher beschrieben werden, positiv beeinflussen. Die im Unterrichtsprogramm *Wir werden Textdetektive* (Gold, Mokhlesgerami, Rühl, Schreblowski & Souvignier, 2004) vermittelten Lesestrategien zielen auf diese hierarchiehöheren Prozesse.

Dass auch eine positive Lern- und Lesemotivation sowie ein inhaltliches Leseinteresse leistungsförderlich und durch günstige Entwicklungsbedingungen sowie durch geeignete pädagogische Maßnahmen beeinflussbar sind, ist ebenfalls richtig (Rosebrock, 2003a, Rosebrock & Nix, 2008).

Beispiel: Wozu lesen?

Ich mein', wenn man ein Buch liest, muss man schon von Anfang bis Ende durchlesen, dass man weiß überhaupt, um was es geht. Weil ich mein', wenn man nur vielleicht einmal in der Woche mal Zeit hat und Lust zu lesen, ist dann auch schon langweilig. Und weiß man schon nicht mehr, um was es dann geht. Von daher fang' ich erst gar nicht an. (Jasmina, 17)

Dieses und die anderen Zitate unter der Überschrift »Wozu lesen?« sind den Interviews mit Hauptschülern »auf der Suche nach Spuren des schulischen Literaturunterrichts« entnommen (Pieper, Rosebrock, Wirthwein & Volz, 2004)

Eine gelungene Lesesozialisation, in welcher die genussorientierte Rezeption unterhaltsamer Kinder- und Jugendbücher auf das spätere Informationslesen vorbereitet, bedarf deshalb des förderlichen Zusammenspiels von Familie, Gleichaltrigen und Schule. In den nachfolgenden Kapiteln 2 und 3 dieses Buches wird darauf ausführlicher eingegangen.

2. Lesesozialisation

Worum geht es?

Um den Entwicklungsverlauf und um die Herausbildung der Lesekompetenz im Wechselspiel zwischen individuellen Dispositionen,
erworbenen Fähigkeiten und den verfügbaren Lerngelegenheiten und
lebensweltlichen Bedingungen. Mit dem enger gefassten Begriff der
literarischen Sozialisation teilt die Lesesozialisation die gemeinsame
Vorgeschichte, denn das frühe literarische Lesen gilt als Ausgangspunkt der Genese von Lesekompetenz. Die Lese- und die literarische
Sozialisation beginnen in der Familie, setzen sich im Kindergarten
und – in der frühen und mittleren Kindheit – vornehmlich in der
Schule fort. Bei Jugendlichen sind die Gleichaltrigen eine wichtige
Sozialisationsinstanz neben der Schule und der Familie. Das Geschlecht und die Muttersprache, aber auch die Sozialschichtzugehörigkeit sind weitere Einflussgrößen. In der Pubertät kommt es häufig
zu einer Lesekrise, auf die der schulische Unterricht nicht immer angemessen reagieren kann.

Lesekompetenz entwickelt sich. In den vergangenen 25 Jahren
haben Entwicklungspsycholog(inn)en wichtige Erkenntnisse
über die Bedeutsamkeit früher Leseprozesse und der sogenannten kognitiven *Vorläufermerkmale* der Lesekompetenz gewonnen (Scheerer-Neumann, 1997). Unter den Vorläufermerkmalen
haben sich vor allem Komponenten der phonologischen, vor-
schriftlichen Informationsverarbeitung als wichtig für den späteren Schriftspracherwerb erwiesen. Petra Küspert und Wolfgang
Schneider (2003) haben hierzu mit dem Trainingsprogramm
Hören, lauschen, lernen ein bewährtes Konzept zur Frühförde-
rung im Vorschulalter vorgelegt.

Auch die Lern- und Gedächtnisstrategien – und damit die Lesestrategien – entwickeln sich. Diese Entwicklung ist am Ende
der Grundschulzeit noch lange nicht abgeschlossen. Noch bei
erwachsenen Lernern kommt es zu einer Ausdifferenzierung von
Strategien, nehmen die Effektivität von Strategien und die Aus-

weitung ihres Einsatzbereichs zu. Durch geeignete Anleitungen – etwa durch ein Strategietraining – kann dies zusätzlich unterstützt werden. Entwicklungsverläufe gibt es natürlich auch hinsichtlich der anderen Determinanten der Lesekompetenz, insbesondere gilt dies für die Lesemotivation und das Leseinteresse. Von besonderer Bedeutung für die Ausbildung von Lesekompetenz ist auch die Entwicklung des lesebezogenen Selbstkonzepts.

Beispiel: Lesesozialisation und literarische Sozialisation

Vom Lesen zur Literatur ist es nicht weit, obwohl die meisten Erwachsenen die meiste Lesezeit mit pragmatischen Sach- und Gebrauchstexten und nicht mit literarischen Texten zubringen. Obgleich sie zunächst eine gemeinsame Entwicklungsgeschichte verbindet, ist es dennoch sinnvoll, die Begriffe ›literarische‹ und ›Lesesozialisation‹ auseinanderzuhalten (Rosebrock & Groeben, 1998). Die *literarische Sozialisation* ist der enger gefasste Begriff. Sie umfasst die Entwicklung des literarischen Verstehens auf der Grundlage individueller, institutioneller und sozialer Bedingungen. Außerschulisch spielt dabei vor allem die Qualität familiärer paraliterarischer und literarischer Kommunikationssituationen (z.B. Vorlesen, Erzählen, Singen, Lesen) eine wichtige Rolle. Der unterrichtlichen Förderung der literarischen Kompetenz liegt der Anspruch einer (literatur-) ästhetischen Erziehung zugrunde. Mit der literarischen Pubertät kommt es häufig zu einem Einbruch des Leseinteresses und der Lesepraxis.

Die literarische Sozialisation ist zugleich der prototypische Kern der *Lesesozialisation* (Rosebrock, 2003a; 2006). Deshalb sind auch die genannten Sozialisationsinstanzen für die Entwicklung der Lesekompetenz in gleicher Weise bedeutsam. Die Lesesozialisation ist der weiter gefasste Begriff, weil sie sich auf die Entwicklung der allgemeineren Fähigkeit bezieht, jedwede Form der geschriebenen Sprache zu rezipieren und zu verstehen. Maßnahmen zur Förderung der Lesekompetenz haben zum Ziel, das Verstehen und Behalten von Texten, gleich welcher Art, zu erleichtern.

Entwicklungsprozesse benötigen angemessene Entwicklungsbedingungen. Darum geht es im Folgenden. Lesekompetenz wird nicht nur in der Schule erworben – sieht man einmal von der Phase des Lesenlernens im engeren Sinne im Erstleseunterricht des ersten Schuljahres ab. Im Gegenteil: Es wird nur wenige vergleichbar wichtige Kompetenzbereiche geben, für welche die Bedeutung und das Potenzial der *familiären Sozialisationsprozesse* (das heißt aber auch: die familiäre Verantwortlichkeit) so groß ist. Bettina Hurrelmann (2004, S. 45) bezeichnet deshalb die Familie »nicht nur als früheste, sondern auch als wirksamste Instanz der Lesesozialisation«.

Der Weg zum kompetenten Lesen bedarf deshalb unterstützender Bedingungen, die zu großen Teilen außerhalb von Kindergarten und Schule liegen. Vor allem in der Familie wird die Lust auf Lesen geweckt oder auch nicht. Besonders prägend sind der Anregungsgehalt der unmittelbaren sprachlichen Umgebung mit ihren sprachlich-interaktiven Erfahrungen, die modellhafte Erfahrung der Wertschätzung des Lesens, die Erfahrung der Unterschiedlichkeit zwischen mündlicher und geschriebener Sprache und ganz allgemein die Art und Weise der sprachlichen Kommunikation in der Familie. Frühe Formen solcher Erfahrungen und damit der Lesesozialisation sind das Bilderbuchlesen, das Vorlesen und das Erzählen.

Beispiel: Leseklima in der Familie

Hurrelmann, Hammer und Nieß (1993) haben bei Kölner Grundschulkindern und deren Eltern durch Befragung die familiären Faktoren der Lesesozialisation erforscht. Die Lesefreude und die Lesehäufigkeit der 9- bis 11-Jährigen hängt demnach vor allem mit dem häuslichen Leseklima zusammen. Das ist durch fünf Faktoren bestimmt:
1. die soziale Einbindung des Lesens,
2. das kindgerechte allgemeine Kommunikationsverhalten in der Familie,
3. das Leseverhalten der Eltern,
4. das allgemeine Familienklima,
5. die Nutzung elektronischer Medien durch die Eltern.

Am wichtigsten ist der Einfluss der drei ersten Faktoren. Diese Faktoren erklären auch die Sozialschicht- und Bildungsabhängigkeit der kindlichen Lesekompetenz, da sie hochgradig mit dem Bildungsniveau der Eltern korreliert sind. Besonders bedeutsam ist die soziale Einbindung des Lesens in den Familienalltag: gemeinsame Besuche von Buchhandlungen und Bibliotheken, gemeinsame Lesesituationen, gemeinsame Buch-Interessen von Eltern und Kindern.

In der Familie. In der frühen Kindheit wird die spätere Lese-kompetenz, wie die sprachliche Kompetenz überhaupt, in den interaktiven familiären Kommunikationssituationen gebahnt. Da werden Bilderbücher (vor-)gelesen und gemeinsam angeschaut, Geschichten vorgelesen oder erzählt, ebenso Reime, Verse und Lieder gemeinsam gesprochen oder gesungen. Hans Aebli (1983) bezeichnet das Vorlesen und Erzählen als das wichtigste Medium der Erfahrungsbildung und damit als die elementare Grundform des Lehrens schlechthin. Beim Vorlesen und Erzählen wird das Geschehen einer Geschichte im Medium der gesprochenen Sprache vermittelt. Und mit dem Inhalt der Geschichte erfahren wir natürlich auch etwas über den Menschen, der sie erzählt oder vorgelesen hat. Schon deshalb geht es dabei stets um mehr als um Wissensvermittlung. Im Prozess der literalen Enkulturation erfährt das Kleinkind in der Unterstützung durch den kompetenten Anderen, wie es zunehmend selbststän-dig und doch behutsam begleitet eigene Vorstellungswelten und Gefühlsqualitäten aufbauen kann (Rosebrock, 2003a). Die dialo-gische Situation, die individuelles Nachfragen und zusätzliche Erklärungen zulässt, ist dem unbegleitet passiv-rezeptiven Ein-satz von Kinderhörkassetten weit überlegen, vom frühen Einsatz des kommunikativ unbegleiteten Fernsehens gar nicht zu reden.

Die Erfahrung der kommunikativen Funktion von Sprache und die im Vorlesen und Erzählen erfahrene Mündlichkeit bahnt die spätere Schriftlichkeit. Für die Wirksamkeit von Vorlesen und Erzählen gibt es zwar keine Belege im Sinne einer nach-weisbaren kausalen Verknüpfung. Es gibt aber Erkenntnisse darüber, dass sich die späteren Leserinnen und Leser von den späteren Nichtlesern im Hinblick auf die genannten Indikatoren der frühen familialen Lesesozialisation deutlich unterscheiden. Was den förderlichen Aspekt des Vorlesens angeht – die am häufigsten empfohlene Maßnahme –, macht Hurrelmann (2004) allerdings auf wichtige Qualitätsmerkmale und notwendige Min-deststandards aufmerksam. Wenig überraschend verweisen diese Qualitätsaspekte auf ein bekanntes Dilemma: Qualitativ hoch-wertige Vorlese-Interaktionen finden sich vornehmlich in jenen Familien, die sich ohnehin durch eine Vielzahl weiterer lese-freundlicher und bildungsnaher Sozialisationsbedingungen aus-zeichnen (Wieler, 1997). Ist das Vorlesen hingegen eine als lästig empfundene und inkompetent gestaltete Pflichtübung, so trägt es nur wenig zur Leseförderung bei. Einer Studie von Wasik und Bond (2001) zufolge profitieren Kinder in ihrer Sprachentwicklung denn auch nur dann vom Vorlesen, wenn mit ihnen über das Gelesene zusätzlich gesprochen wird.

Beispiel: Fernsehen und Lesen

Pieper et al. (2004) haben Hauptschüler aus schriftfernen Lebenswelten befragt. Die meisten von ihnen sind heute Leseverweigerer und waren seit frühester Kindheit ›Fernsehkinder‹. Ihre mittelbaren Erfahrungen waren Fernseherfahrungen. Lesepraxis wurde in der Familie nicht erlebt, erfahrbare Vorbilder hat es nicht gegeben. So haben sie einen Lebensstil entwickelt, in dem Lesen nicht vorkommt. Am Ende der Schulzeit fehlt ihnen mit der Lesekompetenz eine der wichtigsten Schlüsselkompetenzen im Hinblick auf eine berufliche Perspektive. Einige der Befragten kritisieren rückblickend zwar ihren eigenen Fernsehkonsum, aber auch die Versäumnisse des schulischen Deutschunterrichts: Nicht nur die eigene »Faulheit«, sondern auch die Niveau- und Anspruchslosigkeit des Lese- und Literaturunterrichts seien schuld gewesen.

Längsschnittstudien weisen darauf hin, dass das frühe Vielsehen (mehr als zwei Stunden täglich bei Kindern unter drei Jahren) und die Verfügbarkeit eines Empfangsgeräts im Kinderzimmer abträglich für die Entwicklung kognitiver Fertigkeiten und schulischer Leistungen sind (Borzekowski & Robinson, 2005; Zimmerman & Christakis, 2005). Marco Ennemoser (2003) hat sich mit dem Einfluss des Fernsehens auf die Entwicklung von Lesekompetenzen vom Vorschulalter bis zur dritten Klasse beschäftigt. Seinen Ergebnissen zufolge schneiden die frühen Vielseher später im Bereich der Sprach- und Lesekompetenzen schlechter ab als Kinder mit geringerem Fernsehkonsum (Ennemoser, Schiffer & Schneider, 2002; Ennemoser & Schneider, 2007). Eine kausale Wirkungskette lässt sich allerdings nicht konstruieren. Vermutlich sind indirekte Wirkmechanismen am Werke: Das für das Fernsehen aufgebrachte Zeitbudget kann nicht mehr zum Lesen verwendet werden.

Schon Patricia Greenfield (1987) hatte berichtet, dass Fernsehen die Vorstellungskraft von Kindern weniger anregt als das Zuhören einer Geschichte. Sie prüfte das, indem sie die Kinder zum Weitererzählen einer Handlung anhielt, die entweder zuvor im Fernsehen gesehen oder nur im Radio gehört worden war. Die weitergesponnenen Radiogeschichten waren origineller.

Im Kindergarten. Nach dem Kinder- und Jugendhilfegesetz (KJHG) haben die Kindertageseinrichtungen mit ihrem pädagogischen Angebot einen Bildungsanspruch der Kinder zu erfüllen. Es liegt auf der Hand, dass insbesondere für Kinder mit Bildungsbenachteiligungen der Qualität des vorschulischen Bildungsangebots eine besondere Bedeutung zukommt. Deshalb ist es wichtig, dass gerade solche Kinder ein qualitativ hochwertiges vorschulisches Angebot erhalten und nutzen.

Welche Anregungen kann der Kindergarten im Hinblick auf die Entwicklung der Lesekompetenz bieten? In ihrer lesenswerten Expertise *Lernen lernen* hat sich Kristin Gisbert (2004) ausführlich mit Möglichkeiten der Förderung lernmethodischer Kompetenzen von Kindern in Tageseinrichtungen befasst. Die Vorbereitung auf den Schriftspracherwerb kommt dabei nur am Rande vor. Es wird aber deutlich, dass die Formen und Inhalte jedweden vorschulischen Lernens stets ins Spannungsfeld der eher spiel- oder eher schulorientierten Ansätze in der Frühpädagogik geraten.

Mit Blick auf die Lesevorbereitung ist allerdings unstrittig, dass die Herstellung und Gewährleistung einer förderlichen Sprachgemeinschaft von großer Bedeutung ist – und zwar vor allem die aktive Sprachproduktion und der Sprachaustausch, nicht das passive Wahrnehmen von Sprache. Die bereits erwähnten, bei Risikokindern durchaus kompensatorisch wirksamen Sprachspiele von Küspert und Schneider (2003), können dazu beitragen. In vielen Bundesländern werden sie bereits mit einigem Erfolg in den vorschulischen Einrichtungen eingesetzt, um Kinder mit besonderem Förderbedarf im Bereich der Sprachentwicklung frühzeitig zu fördern.

In der Schule. Kinder beginnen den Erstleseunterricht mit sehr unterschiedlichen Voraussetzungen. Dennoch können die meisten Kinder eines Jahrgangs am Ende der ersten Klassenstufe bereits neue, unbekannte Wörter erlesen. Die zunehmend sicherere Beherrschung des alphabetischen Prinzips führt zu einer deutlichen Beschleunigung des Leseprozesses. Im Verlauf der Grundschuljahre gelingt auch die Worterkennung zunehmend schneller und automatisiert, das orthographische löst dann das alphabetisierende Lesen ab. Innerhalb der Klassengemeinschaft wird allerdings im Verlauf der Grundschuljahre die Variabilität der Lesegeschwindigkeit zunehmend größer.

Schon vor dem eigentlichen Schriftspracherwerb (Lesenlernen) werden die frühen literarischen Kompetenzen durch Zuhören erworben. Entscheidend ist hier, dass die Faszination der poetischen Sprache erfahrbar und fruchtbar gemacht wird, so dass später der Übergang zum weiterführenden Lese- und Literaturunterricht in der Grundschule gelingt. Nachdem ein Kind die Technik des Lesens erlernt hat, kommt der Ausbildung individueller Lesevorlieben und -interessen im Hinblick auf das spätere Gewohnheitslesen große Bedeutung bei. Hier greifen schulische und häusliche Anregungsbedingungen idealerweise ineinander. Um so problematischer, wenn die außerschulischen Anregungen und Vorbilder fehlen. Die Motive des außerschulischen Lesens können durchaus unterschiedlich sein: etwas Spannendes erleben wollen, etwas Wissenswertes erkennen und erfahren wollen, über den Inhalt des Gelesenen mit anderen reden wollen.

Beispiel: Wozu lesen?

Ich war verrückt nach Fernsehen. Ich sage ehrlich die Wahrheit. Ich hab immer Fernseh geguckt. Das war fünfte, sechste Klasse. Nur Fernsehen. (Jamal, 18)

Wie die Schulfreude überhaupt, nimmt auch die Freude am schulischen Lesen bei den meisten Kindern kontinuierlich ab. Nur bei wenigen erweist sich die im Grundschulalter aufgebaute Lesemotivation als tragfähig. Man spricht in diesem Zusammenhang auch von der »literarischen Pubertät« um das 12. Lebensjahr herum und etwas später von einer sogenannten »Lesekrise« (vgl. Eggert & Garbe, 1995; Rosebrock, 2003b).

Von der späten Kindheit bis zur Pubertät haben die Kinder aus Mittel- und Oberschichtfamilien eine größere Chance, zu Vielesern zu werden. In ihren Elternhäusern ist ein entsprechendes Leseklima eher vorhanden und das Fernsehen nicht das alleinige Leitmedium. Entsprechend genießt das Bücherlesen in ihrer Freizeit häufig einen hohen Stellenwert. In den schriftfernen Lebenswelten, wie sie oft bei den Schülerinnen und Schülern der Hauptschulen gegeben sind, entwickelt sich hingegen das belletristische Lesen kaum (Pieper et al., 2004).

Die Gleichaltrigen. Häufig, vor allem gilt dies für die literarischen Texte, wird gelesen, um im Anschluss über das Gelesene zu sprechen. In der Deutschdidaktik wird das als *Anschlusskommunikation* bezeichnet: Lesen als Voraussetzung weiterführender Kommunikationsprozesse mit anderen. Die Bedeutsamkeit solcher Prozesse kann man sich für die Eltern-Kind-Dialoge in der frühen Lesesozialisation leicht vorstellen. Im Jugendalter sind es meist die informellen Kommunikationspartner aus der Peer-Group, die an die Stelle der Eltern treten. Und im Deutschunterricht der Sekundarstufe werden institutionalisierte Formen der Anschlusskommunikation über das gemeinsam Gelesene eingeübt. Wenn in den Anschlusskommunikationen unter den Gleichaltrigen jedoch andere als Print-Medien eine größere Rolle spielen, wird sich das freiwillige Lesen bzw. der kommunikative Austausch über die gemeinsame Lektüre aber nur schwer behaupten können. Wenig verwunderlich, dass sich in Cliquen mit ausgeprägter Leseorientierung auch die Leseleistungen besser entwickeln und dass sich die Wahl solcher Freundschaftsgruppen wiederum nicht unabhängig von sozialschichtbezogenen Indikatoren vollzieht (Rosebrock, 2004).

Beispiel: Lesekrisen

Eine erste Krise ist bereits der Schriftspracherwerb zu Schulbeginn, weil die Mühen des Selbstlesens an die Stelle des Vorgelesenen und Erzählten treten. Für viele Kinder, insbesondere aus der Mittelschicht, folgt in den Grundschuljahren eine Viellesephase, die bis um das 11. Lebensjahr anhält. Die darauf folgende Lesekrise wird auch »literarische Pubertät« genannt. In ihrem Verlauf hören etwa zwei Drittel der Jugendlichen mit dem Freizeitlesen vollständig auf. Diese Entwicklung wird auf ein Zusammenwirken entwicklungspsychologischer Veränderungen, ungeeigneter Leseangebote und fehlender oder unzureichender schulischer Unterstützung zurückgeführt. Die Bücher der frühen Kindheit werden nicht mehr gelesen und der Sprung zu den Jugendbüchern gelingt oftmals nicht. Wenn der Deutschunterricht oder die Clique jetzt nicht stützend wirken, wird das Freizeitlesen häufig gänzlich eingestellt. Nur wenige beginnen in der Oberstufe des Gymnasiums erneut freiwillig zu lesen (Eggert & Garbe, 1995; Harmgarth, 1997; Rosebrock, 2003b).

Die Medien. Unter den Lesemedien bietet zweifellos die Zeitung eine besonders gute Gelegenheit, in eine Lesekultur hineinzuwachsen. Allerdings erreicht sie die Jugendlichen längst nicht mehr im erwünschten Maße. Radio und Fernsehen sind ihre bevorzugten Medien der Informationsaufnahme geworden. Mit der Verbreitung des Internets haben sich neue Chancen einer selbstbestimmten Lese- und Medienkultur aufgetan (Döring, 2003; Best, 2003). Um sie zielführend nutzen zu können, muss man aber auch wieder gut lesen und schreiben können. Denn Google und Yahoo liefern nur demjenigen korrekte Antworten, der die richtigen Fragen gestellt hat. Die Herausforderungen und Möglichkeiten der neuen Medien könnten für eine breitere Zielgruppe neuerlich (lese-)motivationsförderlich wirken. Wahrscheinlicher ist allerdings, dass die kompetenten Internetnutzer wiederum diejenigen sein werden, die sich bereits über die herkömmlichen Printmedien ein höheres Maß an Lesekompetenz aufgebaut haben (Hurrelmann, 2004).

Neben den strukturellen Rahmenbedingungen der Lesesozialisation sind drei weitere, enger auf das Individuum bezogene Einflussgrößen zu nennen: das Geschlecht, die Sozialschicht und die ethnische Herkunft.

Geschlecht. Zunächst einmal: Die Unterschiede zwischen den Geschlechtern sind geringer als die Variabilitäten innerhalb der Gruppen der Mädchen und Jungen. Dennoch ist richtig, dass Mädchen im Mittel mehr und besser lesen als Jungen und dass sie stärker auf literarische Texte hin orientiert sind. Jungen hingegen interessieren sich tendenziell eher für Sachtexte. Die Grundschulstudie IGLU weist Vorteile der Mädchen im sprachlichen Bereich insgesamt sowie beim Lesen und in der Rechtschreibung aus (Bos, Lankes, Prenzel, Schwippert, Walther & Valtin, 2003). Mädchen hatten aber in der Regel auch mehr Kinderbücher als Jungen, Eltern hörten ihnen häufiger beim Vorlesen zu und besuchten häufiger mit ihnen zusammen eine Bibliothek. In der weiteren Schullaufbahn bleiben die Geschlechterdifferenzen offenbar bestehen – sie finden letztendlich ihren Niederschlag sogar in geschlechterdiskrepanten Studienfachwahlen. Ansätze zur Erklärung der Überlegenheit der Mädchen und Frauen gibt es viele, darunter auch eher abwegige. Im

Ganzen betrachtet haben die soziokulturell orientierten im Vergleich zu den biologischen die bessere Befundlage auf ihrer Seite.

Muttersprache. Kinder, die in der Schule in einer anderen als der zu Hause gesprochenen Sprache unterrichtet werden, sind häufiger im Hinblick auf die Entwicklung der Lesekompetenz gefährdet. Befunde aus der Internationalen Grundschul-Lese-Untersuchung (IGLU) belegen das ebenso wie die Daten der Fünfzehnjährigen aus der PISA-Studie. Petra Stanat und Wolfgang Schneider (2004) haben die Gruppe der schwachen Leser(innen) genauer betrachtet. Unter ihnen sind überproportional viele aus zugewanderten Familien. Entscheidend ist dabei die in der Familie gesprochene Sprache. In 93 Prozent der Familien guter, aber nur in 73 Prozent der Familien schwacher Leser(innen) der PISA-Studie wird zu Hause deutsch gesprochen. Wenig überraschend ist auch der Zeitpunkt der Zuwanderung eine kritische Variable: Je weniger Zeit die Kinder in einem deutschsprachigen Umfeld verbracht haben, desto weniger hatten sie Gelegenheit, die Verkehrssprache zu erlernen und desto geringer ist ihre schriftsprachliche Kompetenz. Ansonsten gilt für schwache Leser(innen) mit und ohne Migrationsgeschichte, dass der Wortschatz und die Lesestrategien für die Ausbildung der Lesekompetenz wichtig sind (Rühl, 2006).

Soziale Schicht. Dass die Sozialschichtzugehörigkeit in Deutschland besonders eng mit dem Erwerb der Lesekompetenz zusammenhängt, gehört zu den alarmierenden PISA-Ergebnissen. Fast 40 Prozent der Kinder von un- oder angelernten Arbeitern erreichen höchstens die Kompetenzstufe I. Da der Migrationsstatus häufig mit ungünstigen sozialen Milieubedingungen kovariiert, ist hier ein kumulatives Gefährdungspotential zu befürchten. Analysen, die in systematischer Weise den relativen Einfluss der familiären Merkmale bestimmen könnten, stehen noch aus. Die Untersuchung von Hurrelmann et al. (1993) hat allerdings gezeigt, dass sich hinter der abstrakten Einflussgröße ›Sozialschicht‹ im Wesentlichen drei ganz konkrete Ausgestaltungen des häuslichen Leseklimas verbergen: die Wertschätzung des kindlichen Lesens durch die Eltern und seine soziale Einbin-

dung, ein positives Modellverhalten der Eltern und eine kindge-
rechte Form der sprachlichen Kommunikation in der Familie.
Damit sind auch die Ansatzpunkte für eine familienbezogene
Intervention benannt.

Natürlich kommt dem Migrationsstatus und der Sozialschichtzugehörigkeit kein unmittelbarer Erklärungswert für die Entwicklung der Lesekompetenz zu. Aber es sind die mit beiden
Sozialindikatoren häufig einhergehenden ungünstigen Lern- und
Lebensumwelten, die sich vielfach als Risikofaktoren im Hinblick auf die Entwicklung der wichtigen Lernvoraussetzungen,
wie der Lesehäufigkeit, der Leseflüssigkeit und des Wortschatzes, erweisen. Daraus folgt: Wo sich soziale und kulturelle Un-
gleichheiten in ungünstigen Entwicklungsbedingungen nieder-
schlagen, ist die Notwendigkeit einer systematischen Sprach-
und Leseförderung gegeben.

Denn nicht immer verläuft der Prozess der Lesesozialisation
optimal. Die schwachen Leser(innen) haben meist schon bei der
Ausbildung der Vorläuferfertigkeiten des Schriftspracherwerbs,
bei den hierarchieniedrigen und/oder bei den hierarchiehohen
Verstehensprozessen oder im Hinblick auf die anderen Determinanten der Lesekompetenz Schwierigkeiten oder Defizite. Sind
die jeweiligen Problembereiche identifiziert, können in Abhängigkeit von den besonderen Bedürfnislagen geeignete Präventi-
ons- oder Interventionsmaßnahmen konzipiert und eingeleitet
werden. Wo notwendig, wird eine solche individuelle Förderung
unterrichtsadditiv und kompensatorisch oder – wo möglich –
schon vor Schulbeginn erfolgen müssen, idealerweise in einem
abgestimmten Zusammenwirken der oben benannten Sozialisationsinstanzen.

Außerschulische Leseförderung. Über die schulische Leseförderung wird im 5. Kapitel ausführlich berichtet. Die *außerschulische Leseförderung* ist ein weites, wissenschaftlich nur unsyste-
matisch beackertes Feld. Das Berliner Eltern-Kind-Leseprogramm
von McElvany und Artelt (2004) ist ein Beispiel für eine
die Familie einschließende Maßnahme. Daneben gibt es eine
umfangreiche Ratgeberliteratur und es gibt Initiativen, die von
Seiten des Bundes und der Länder, von Institutionen und Verei-
nen, wie der Deutschen Gesellschaft für Lesen und Schreiben

34

(*Die zehn Grundrechte*) oder von der Stiftung Lesen (*Lese-scouts*) ins Leben gerufen wurden. Auch die Kinder- und Jugendbuchverlage, der Börsenverein des Deutschen Buchhandels (*Vorlese-Wettbewerb* und *Das lesende Klassenzimmer*), die Medien und die Wirtschaft sind in vielfältiger Weise aktiv.

Darüber hinaus gibt oder gab es auf kommunaler Ebene *Erzählfestivals* wie in Remscheid, *Bücher im Park* wie in Frankfurt am Main, *Bücherrezensionen* wie von der JuBu-Crew in Göttingen, *Jugendbuchwochen, Wanderausstellungen, Literaturtheater,* Projekte zur *Zeitung in der Schule* und vieles andere mehr (Buhrfeind et al., 1999).

Fast 8000 öffentliche Bibliotheken verfügen über eine Kinder- und Jugendbuchabteilung – und die Mehrzahl aller Kinder unter 12 Jahren besitzt einen Leihausweis. Dass sie dort zunehmend andere als Printmedien ausleihen, ist nicht unbedingt das Problem. Denn zunehmend wird es ohnehin die Aufgabe der Bibliotheken sein, über die eigentliche Leseförderung hinaus auch auf die selbstbestimmte Mediennutzung insgesamt vorzubereiten. Mit Blick auf das Lesen gehören zu den bevorzugten Aktionen der Bibliotheken etwa *Autorenlesungen* und *Werkstattgespräche, Buchausstellungen* und *Bücherflohmärkte, Lesenächte* und *Tage der offenen Tür.* In der Stadtbücherei Frankfurt am Main ist im Herbst 2006 bereits zum dritten Mal die *JungeMedienJury* zusammengetreten. Die Initiative richtet sich an 13- bis 16-Jährige und ist absichtlich nicht auf die Rezeption von Printmedien begrenzt.

Buhrfeind und Koautoren (1999) zufolge gehören zu den vordringlichen Aufgaben der außerschulischen Leseförderung die folgenden:
– Immer wieder neue und interessante Angebote bereitstellen, die an den Bedürfnissen der Kinder orientiert sind.
– Lektüre unterschiedlicher Genres bereitstellen, insbesondere auch deswegen, weil das schulische in erster Linie ein literarisches Lesen ist.
– Durch entsprechende Angebote das Lesen sichtbar auch im Fachunterricht verankern.
– Print- mit elektronischen Medien stärker verknüpfen.
– Leseöffentlichkeit herstellen, um das Lesen unter Gleichaltrigen attraktiv zu machen.

Beispiel: Leseförderung als Förderung des Textverstehens
          oder der Buchlektüre?

Hans-Heino Ewers (2006) hat aus historischer Sicht eine Problematik
aufgegriffen, die auch schon aufgrund der beiden antagonistischen
PISA-Schlussfolgerungen sichtbar wurde: Lesestrategien durch gezielte Trainingsmaßnahmen und/oder die Leselust durch Genusslesen
fördern? Ewers mahnt begriffliche Klarheit an: Geht es um den Aufbau von Schlüsselkompetenzen des Textverstehens, um die Begünsti-
gung der Buchlektüre oder etwa um Literaturförderung im engeren
Sinne? Historisch gesehen war Leseförderung lange Zeit durch ein
Bildungskonzept legitimiert, das an die Hochliteratur heranführte.
Der Beschäftigung mit pragmatischen Sachtexten wurde ein geringe-
rer Bildungswert zugemessen. Neuerdings, so Ewers, werde das Bücherlesen an sich für förderungswürdig gehalten, ganz gleich, wie
qualitätsvoll die Lektüre auch sein mag. Dies ist dem ›Abwehrkampf‹
gegen die Verdrängung durch andere Mediengattungen geschuldet.
Begründet wird die Förderung des Bücherlesens häufig damit, dass
das Genusslesen mittelbar auch die pragmatischen Lesekompetenzen
fördere. Ewers bezweifelt das und plädiert für eine saubere Trennung
der beiden Anliegen: Lesekompetenzen sollten durch direkte Fördermaßnahmen, die Animation zum Freizeitlesen durch eine Erziehung
zur selbstbestimmten Mediennutzung angezielt und erreicht werden.

3. Leseinteresse, Lesemotivation und Selbstkonzept

Worum geht es?

Um die nichtkognitiven Einflussfaktoren der Lesekompetenz. Nicht nur das inhaltliche Vorwissen und die verfügbaren Lesestrategien bedingen das Textverstehen, sondern auch das Leseinteresse und die Lesemotivation sowie das Selbstkonzept eigener Lesefertigkeit spielen eine wichtige Rolle. Ob, wie viel und wie gut gelesen wird, hängt nämlich auch von der Lesebereitschaft ab, die sich ihrerseits aus den lesebezogenen Werthaltungen und aus den subjektiven Erwartungen speist, einen Text überhaupt verstehen zu können. Hinzu kommt: Vor dem Lesen und während des Lesens spielen Ängste und Anspannungen (negativ) aber auch Freude und Lustempfinden (positiv) eine Rolle. Auch die affektiven und motivationalen Bedingungen der Lesekompetenz lassen sich durch fördernde Maßnahmen beeinflussen.

Leseinteresse und Lesemotivation bereiten den Leseprozess vor. Kompetente Leser(innen) zeichnen sich nicht nur durch die effektive Nutzung von Lesestrategien zur Unterstützung der hierarchiehöheren Verstehensprozesse und durch einen hohen Automatisierungsgrad der hierarchieniedrigen Verstehensprozesse aus. Sie sind auch lern- und lesemotiviert, am Inhalt eines Textes interessiert und verfügen über eine positive leistungsbezogene Selbsteinschätzung, die dazu beiträgt, dass sie bei auftretenden Schwierigkeiten bei der Sache bleiben.

Dass Emotionen, die Motivation und das Selbstkonzept wichtige Determinanten der individuellen Leistung sind, gilt für das Lernen überhaupt. Hasselhorn und Gold (2006) haben sie in ihrem *INVO-Modell* neben einem funktionstüchtigen Arbeitsgedächtnis, den verfügbaren Lernstrategien und dem bereichsbezogenen Vorwissen als wesentliche *IN*dividuelle *VO*raussetzungen erfolgreichen Lernens bezeichnet (Abbildung 2). Entscheidend ist die wechselseitige Verschränktheit dieser Determinanten, dass also die Motivation und das Selbstkonzept, ebenso wie die lernbegleitenden Emotionen die kognitiven Prozesse der Informationsverarbeitung – also die Funktionsweise der hierarchiehohen und der hierarchieniedrigen Verstehensprozesse beim Lesen – stets mit beeinflussen und von diesen wiederum mit beeinflusst werden.

Abb. 2: Individuelle Voraussetzungen erfolgreichen Lernens (Hasselhorn & Gold, 2006, S. 68)

Dabei lässt sich das INVO-Modell durchaus als allgemeine Checkliste erfolgreich Lesender in Bezug auf das Lernen aus Texten verstehen: Erfolgreiche Leser(innen) besitzen und benutzen hilfreiches Vorwissen über den Lesestoff, setzen die Kapazität ihres Arbeitsgedächtnisses effizienter ein, kennen und nutzen effektive Lesestrategien und wissen zudem, wie, wann und warum sie solche Strategien einsetzen sollten. Sie sind auch motiviert, diese Strategien einzusetzen, vertrauen ihren Lesefähigkeiten und gehen erfolgszuversichtlich an eine Leseaufgabe heran. Weiterhin sind sie in der Lage, sich über erreichte Erfolge mehr zu freuen als über etwaige Misserfolge zu grämen.

Motivation. Die Lesemotivation ist die Absicht zu lesen. Man kann sie durch standardisierte Befragungen oder über eine (direkte oder indirekte) Erfassung der Lesegewohnheiten und -häufigkeiten ermitteln. Die Leseabsicht ist bei den meisten Leseanfängern ziemlich hoch, geht aber schon bei den 9- bis 10-Jährigen deutlich und danach kontinuierlich weiter zurück. Cornelia Rosebrock (2003b) hat dies in Anlehnung an Harmgarth (1997) durch einen »Leseindex« illustriert: demnach ist die Leseneigung noch bei 80 Prozent der 6- bis 8-Jährigen hoch bis sehr hoch ausgeprägt, nach Abschluss des Schriftspracherwerbs mit etwa neun Jahren gibt es einen ersten Einbruch des Leseinteresses auf 65 Prozent eines Jahrgangs, das reduziert sich kontinuierlich bis zum 13. Lebensjahr bis auf 30 Prozent und verharrt bis zum 16. Jahr auf diesem Niveau. Aus der OECD-PISA-Studie wissen wir auch, dass 42 Prozent der 15-Jährigen »nicht zum Vergnügen« lesen – nur in drei von 32 Ländern ist der Prozentsatz der Leseverweigerer übrigens noch höher.

Wenn es Sie nun drängt weiterzulesen, sind Sie zweifellos lesemotiviert. Die Lesemotivation, wie die Lern- und Leistungsmotivation überhaupt, kann sich allerdings aus ganz unterschiedlichen Quellen speisen. Da kommen zum einen externe Anreize, Vergünstigungen, Vorteile und Belohnungen in Frage, die mit einem angezielten Leseerfolg assoziiert sein mögen. Wenn eine gute Bewertung oder eine bessere Leistung in einem Wissenstest, die durch die Lektüre leichter erreichbar scheint, zum Lesen motiviert, ist das Lesen eine *extrinsisch* (außerhalb des Lesens und des Lesetextes) motivierte Handlung. Sie ist durch das antizipierte positive Handlungsergebnis motiviert. Es kann aber auch das Interesse am Textinhalt oder am Themengegenstand, ja an der Tätigkeit des Lesens selbst, Auslöser der Lesemotivation sein. Dann ist das Lesen eine *intrinsisch* (innerhalb des Lesers und des Lesetextes) motivierte Handlung. Sie wird ausgeführt, weil man die Aktivität »um ihrer selbst willen« für befriedigend hält.

Und dann gibt es nicht selten den Umstand, dass extrinsische und intrinsische Anreize einander ablösen oder ergänzen oder dass sie in Bezug auf das schulische und außerschulische Lesen dissoziativ auseinanderfallen. So etwa, wenn die ursprünglich extrinsisch motivierte Pflichtlektüre ein inhaltliches Interesse

weckt und dann ein Weiterlesen über das Verlangte hinaus statt-
findet. Oder aber, wenn in der Schule zwar pflichtgemäß gele-
sen, in der Freizeit das Lesen aber verweigert wird. Dass in einer
Schülerbefragung vier von fünf befragten Mittelstufenschülern
bekunden, sie hätten noch nie ein von ihren Lehrern empfohlenes
Buch privat in die Hand genommen, zeigt die Grenzen der
Wirksamkeit schulischer Lektüreempfehlungen auf. Und fast 30
Prozent der Kinder geben darüber hinaus an, im (Deutsch-)
Unterricht würden fast nur langweilige Bücher gelesen (Harm-
garth, 1997).

Jens Möller und Ulrich Schiefele (2004) haben dargelegt, was
die extrinsische und die intrinsische Variante der Lesemotivation
mit dem Erwerb von Lesekompetenzen zu tun haben. Sie gehen
dabei von zwei maßgeblichen Komponenten der individuellen
Motivationslage aus: dem *Wert*, den man dem möglichen Erfolg
bei einer Aufgabenbearbeitung oder Problemlösung beimisst und
der subjektiven *Erwartung*, dass eine Aufgabe oder ein Problem
durch eigenes Handeln auch tatsächlich gelöst werden kann. Die
Wert-Komponente beeinflusst die intrinsische Lesemotivation,
die Erwartungs-Komponente die extrinsische. Aus dem Zusammenspiel beider resultiert die Stärke der Absichtsbildung zu
lesen. Wie sich die Wert- und Erwartungshaltungen im Verlauf
der Lesesozialisation entwickeln, wird im Folgenden näher beschrieben.

Beispiel: Wozu lesen?

Nee, also von meinen Eltern wurde mir nicht vorgelesen. (Martina,
17)

Die soziale Umwelt eines Kindes – das ist vor allem die häusliche und die schulische Umgebung – ermöglicht erste Leseerfahrungen ganz unterschiedlicher Art. Zu Hause sieht ein Kind, ob
und wie oft, was und zu welchen Anlässen und zu welchem
Zweck gelesen wird und welche Wertschätzung das Lesen in der
Familie genießt. Wichtig ist auch, ob die maßgeblichen Identifi-
kationsfiguren lesen und was die Lehrerinnen und Lehrer von
den Kindern erwarten. Das eigentliche Lesenlernen wird in der
Regel erst im Leselehrgang des ersten Grundschuljahres stattfin-

den. Bei Kindern, die sich dabei schwer tun, ist ganz entscheidend, wie sie erste negative Erlebnisse oder erste ungünstige Leistungsrückmeldungen verarbeiten. Das lesebezogene Selbstkonzept (»Ich kann gut lesen« oder »Lesen ist nichts für mich«) entwickelt und stabilisiert sich bereits in dieser Phase.

So entstehen aus der Wahrnehmung der sozialen Umwelt und aus der Verarbeitung erster Leseerfahrungen die im Hinblick auf das Lesen bedeutsamen *motivationalen Grundüberzeugungen* einer Person. Möller und Schiefele (2004) nennen zwei Grundüberzeugungen, die eng mit der späteren *Wert-Komponente* der Motivation verknüpft sind: das Leseinteresse und die Art der Zielorientierung.

Leseinteresse. Wenn ein Leser am Thema eines Textes inhaltlich interessiert ist, hält er das Thema für wichtig und/oder gut. Hierzu gibt es in der Regel eine Vorgeschichte. Die Motivationspsychologie sagt: Das Thema ist aufgrund vorangegangener Erfahrungen gefühls- und wertbezogen mit positiven Valenzen besetzt. Neben dieser Form eines (überdauernden) individuellen Interesses an einem Thema (z.B. »Fußball« oder »Pferde«) kennt man das (vorübergehende) situationale Interesse, welches durch besondere Umstände geweckt werden kann. So beispielsweise durch ein besonderes Erlebnis, ein geschicktes mediales Marketing oder durch einen besonders spannenden oder fesselnden Text. Ein ursprünglich situationales kann durchaus später auch zum individuellen Interesse werden. Sowohl das überdauernde thematische als auch das situationale Interesse sind positiv mit der Lesehäufigkeit und der späteren Leseleistung korreliert.

Beispiel: Wozu lesen?

Also das Buch, das Buch kam daher, dass ich vorher mit meiner Lehrerin darüber gesprochen hab, also, meine damalige Deutschlehrerin, die hat mit uns ein Buch gelesen, das hieß Ayscha und das ist fast dieselbe Handlung. Und das hat mich tierisch, also wirklich sehr gefesselt und dann hat sie halt gemeint, die und die Bücher gibt es noch. (Halima, 19)

Zielorientierung. Manche Personen sind beim Lernen vornehmlich an Lernzielen orientiert, andere eher am Nachweis der eigenen Leistungsfähigkeit. In der Motivationspsychologie spricht man von Lernzielorientierung, wenn die handlungsleitende Absicht primär darin besteht, die eigenen Fertigkeiten oder Kompetenzen durch Lernen zu steigern (»man liest, um etwas besser zu verstehen«). Bei der Leistungszielorientierung ist das anders. Die handlungsleitende Absicht besteht darin, die eigenen Fähigkeiten – gern auch im Wettbewerb mit anderen oder in Auseinandersetzung mit einem externen Bewertungssystem – unter Beweis zu stellen (»man liest, um Fragen zum Text später besser beantworten zu können«). Natürlich sind beide Arten der Zielorientierung »legitim« –, es ist allerdings davon auszugehen, dass die Lernzielorientierung eher zum Aufbau einer intrinsischen Lesemotivation führen wird als die leistungszielorientierte Einstellung. Soweit zur Ausbildung der Wert-Komponente der Lesemotivation. Zwei andere motivationale Grundüberzeugungen sind entscheidend an der Ausprägung der *Erwartungs-Komponente* beteiligt: das lesebezogene Selbstkonzept und die lesebezogene Selbstwirksamkeit.

Selbstkonzept. Selbstkonzepte sind individuelle Fähigkeitseinschätzungen aufgrund von vorangegangenen Lernerfahrungen. Selbstkonzepte sind stets auf einen Kompetenzbereich (z.B. Lesen), auf ein Schulfach (z.B. Mathematik) oder auf eine besondere Fertigkeit (z.B. Schwimmen) bezogen. Soziale Vergleiche, Leistungsrückmeldungen und sogenannte Ursachenzuschreibungen für Erfolge und Misserfolge (Attribuierungen) spielen bei der Ausbildung des individuellen Selbstkonzepts eine große Rolle. Besonders wichtig sind die individuellen Ursachenzuschreibungen für die ersten Leseerfolge oder -misserfolge. Glücklicherweise haben jüngere Kinder in aller Regel von vornherein ein überoptimistisches Selbstkonzept ihrer eigenen Fähigkeiten. Und glücklicherweise neigen die meisten Menschen auch später noch zu selbstwertdienlichen Verzerrungen bei der Ursachenzuschreibung nach Erfolgen oder Misserfolgen. Dennoch kann es bei fortlaufendem Misserfolgserleben dazu kommen, dass das Vertrauen in die eigenen Fähigkeiten erodiert und ein ungünstiges Selbstkonzept ausgebildet wird. Und das wird wiederum zur Folge haben, dass Lesesituationen künftig gemieden werden, um sich nicht weiteren Kränkungen auszusetzen. Ein günstiges lesebezogenes Selbstkonzept entsteht hingegen nach Erfolgserlebnissen beim Lesen. Wichtig ist allerdings, dass die Wechselseitigkeiten der Beeinflussungen im Auge behalten werden. So wie sich das lesebezogene Selbstkonzept auf die Entwicklung der Lesekompetenz auswirkt, so wirkt das aus Leistungsrückmeldungen resultierende Kompetenzerleben auf die Ausbildung des lesebezogenen Selbstkonzepts zurück.

Beispiel: Große Fische – kleine Fische

Soziale Vergleiche der eigenen Leistung mit den Leistungen anderer sind wichtig für die Selbstkonzeptentwicklung. Entscheidend dabei ist, ob man sich »nach oben« oder »nach unten« vergleicht. Herbert Marsh (2005) hat untersucht, welche Rolle das Leistungsniveau der jeweiligen Bezugsgruppe spielt. Zusammengefasst lassen sich die Ergebnisse seiner Studien so interpretieren: Wenn sich ein »normal befähigter« Schüler in einer eher leistungsschwachen Bezugsgruppe mit anderen vergleicht, so wird sich das positiv im Hinblick auf sein Selbstkonzept eigener Fähigkeit auswirken (er ist ein großer Fisch im kleinen Teich). Wird aber der gleiche Schüler in einer eher leistungsstarken Umgebung unterrichtet, dann macht er im sozialen Vergleich eher negative Erfahrungen (er ist ein kleiner Fisch im großen Teich). Sein Fähigkeitsselbstkonzept wird sich ungünstig entwickeln. Dass dem Selbstkonzept der eigenen Fähigkeit im Sinne des Fischteich-Effekts ein lang anhaltender Einfluss auf die Interessen- und Leistungsentwicklung zukommt, haben jüngst Olaf Köller und Kollegen in einer breit angelegten Längsschnittstudie gezeigt (Köller, Trautwein, Lüdtke & Baumert, 2006).

Selbstwirksamkeit. Eng mit dem Selbstkonzept (»Ich bin ein guter Leser«) ist die Selbstwirksamkeitserwartung einer Person verknüpft (»Wenn ich mich nur lange genug mit einem Text beschäftige, dann kann ich jeden Text verstehen«). Diese Erwartung kann aufgrund positiver Lernerfahrungen zur Überzeugung werden: »Ich bin sicher, dass ich auch die schwierigsten Texte verstehen kann.« Natürlich sind stark ausgeprägte Selbstwirksamkeitsüberzeugungen lernförderlich, weil sie dazu führen, auch schwierige Texte eher als willkommene Herausforderungen denn als Bedrohungen zu sehen. Und weil der Leser sein gesamtes Arsenal an Lesestrategien aktivieren wird, um seinen eigenen Erwartungen zu genügen.

Intrinsische und extrinsische Lesemotivation. Jetzt kommen wir auf die bereits angesprochene Unterscheidung zwischen der intrinsischen und der extrinsischen Lesemotivation zurück. Wenn mir eine Textlektüre vergnüglich oder persönlich wichtig erscheint, werde ich sie um des Themas oder um der Tätigkeit des Lesens selbst willen angehen. Das ist intrinsisch motiviertes Lesen. Es speist sich aus dem individuellen Leseinteresse und aus der Orientierung am Lernziel. Wenn mir die Lektüre eines Textes (z.B. im Hinblick auf spätere Prüfungen) zwar nicht unbedingt lustvoll, aber doch nützlich erscheint, handelt es sich um ein eher extrinsisch motiviertes Lesen. Die Beweggründe liegen außerhalb der lesenden Person und außerhalb des Textes. Zusammengenommen bestimmen die extrinsischen und die intrinsischen Anteile, wie viel, wie ausdauernd und wie gründlich gelesen wird.

Lesemotivation und Lesekompetenz. Die Lesemotivation beeinflusst das Leseverhalten, und zwar vor allem darin, wie viel gelesen wird. Aus der OECD-PISA-Studie wissen wir, dass die intrinsische Lesemotivation und das verbale Selbstkonzept mit der Lesekompetenz der Schülerinnen und Schüler assoziiert sind. Es ist auch bekannt, dass die Lesemotivation über die Schuljahre immer geringer wird (Harmgarth, 1997). Wigfield und Guthrie (1997) konnten nachweisen, dass sich dieser Rückgang eher auf die intrinsischen Aspekte der Motivation bezieht. Sie entscheiden – mehr als die extrinsischen Anteile – vornehmlich über die Lesemenge. Deshalb wird auch mit zunehmendem Alter immer weniger gelesen. Wie aber kann man zum Mehrlesen anregen? Und wenn es gelingt, wird es durch die Förderung des Mehrlesens (Schön, 2002) ›quasi automatisch‹ auch zu einem Zuwachs an Lesekompetenz kommen? Auf der einen Seite scheint es plausibel, dass sich mit der Menge des Gelesenen letztlich auch die Lesekompetenz verbessert. Wer mehr liest erwirbt mehr Wissen, was den Wortschatz vergrößert und damit das künftige Worterkennen erleichtert, liest zunehmend schneller und flüssiger, was das Arbeitsgedächtnis entlastet und somit Kapazitäten für den Einsatz von Lesestrategien schafft. Und er oder sie wird längerfristig ein positiveres lesebezogenes Selbstkonzept und günstigere Selbstwirksamkeitsüberzeugungen entwickeln. Auf der anderen Seite ist es aber durchaus nicht gewiss, dass der Erwerb der genannten Fertigkeiten und Teilkompetenzen tatsächlich in der beschriebenen Weise ›beiläufig‹ und ohne eine zusätzliche gezielte instruktionale Anleitung vonstatten geht.

Sicherlich gilt: Eine ausgeprägte intrinsische Lesemotivation führt zum Mehr- und Viellesen, wahrscheinlich auch zum besseren Lesen. So verstanden ist Lesemotivation nicht nur Bedingung, sondern integrativer Teil eines umfassender verstandenen Begriffs der Lesekompetenz. Was aber das Niveau der erreichten bzw. erreichbaren Lesekompetenz betrifft, so gilt es zusätzlich den Einfluss und das Steuerungspotential der extrinsischen Motivationskomponenten zu nutzen – und die sind in aller Regel durch die in der Schule vorgegebenen Leistungs- und Leseanforderungen definiert.

Förderung von Motivation und Selbstkonzept. Nun stellt sich natürlich die bereits angesprochene Frage, ob eine Förderung der Lesemotivation und des Selbstkonzepts »auf dem Umweg über die Lesemenge« nicht doch die Lesekompetenz steigern könnte. Ulrich Schiefele (2004) argumentiert in dieser Richtung und setzt deshalb bei den motivationalen Überzeugungen an, genauer: beim individuellen thematischen Leseinteresse. Schiefele glaubt, dass eine gezielte, informative und lobende Rückmeldung die individuelle Kompetenzwahrnehmung der Schülerinnen und Schüler erhöht, dass die Mitverantwortlichkeit der Schülerinnen und Schüler für die Auswahl des unterrichtlichen Lesestoffes ihr Selbstbestimmungserleben steigert und dass innovative Formen der Gruppenarbeit und des Projektunterrichts der sozialen Einbindung des Leseprozesses förderlich sind. Zusammen genommen sollen dadurch die thematischen Leseinteressen und die intrinsische Lesemotivation gefördert werden. Und mittelbar eben auch die Lesekompetenz. In ähnlicher Weise wird auch im Leseförderprogramm CORI (Concept Oriented Reading Instruction) von Guthrie, Wigfield und Perencevich (2004) versucht, durch geeignete Leseangebote das Leseengagement der Schülerinnen und Schüler, d.h. ihr intrinsisches Leseinteresse zu steigern. Verbunden wird dies im CORI-Programm mit einer gezielten Förderung von Lesestrategien (vgl. dazu die Ausführungen in den Kapiteln 4 und 9).

Ohnehin sind Maßnahmen zur Förderung der Lern- oder Lesemotivation und des Selbstkonzepts häufig in ein Gesamtkonzept zur Verbesserung der Lesekompetenz eingebettet. So beispielsweise bei Stephanie Schreblowski (2004), die einem metakognitiven Textverarbeitungstraining eine motivationale Komponente voranstellt. Durch spielerische Übungen wird dabei versucht, ein realistisches Zielsetzungsverhalten, eine günstige Ursachenzuschreibung für Erfolg und Misserfolg und ein angemessenes Selbstbewertungsverhalten zu vermitteln. Ansatzpunkte sind wiederum die motivationalen Überzeugungen der Schülerinnen und Schüler, nur wird hier nicht das Leseinteresse im engeren Sinn, sondern die allgemeine leistungsbezogene Zielorientierung gefördert. Kennzeichnend für das von Schreblowski vorgeschlagene Trainingsprogramm ist, dass die Motivationsförderung gerade nicht an lesebezogenen Materialien ansetzt. Es wird nämlich erwartet, dass über eine spielerische Vorgehensweise am ›unbelasteten Material‹ das Leistungsmotiv insgesamt besser gefördert werden kann. Langfristig sollte sich dies dann auch in lesethematischen Leistungssituationen positiv auswirken. Im Unterrichtsprogramm *Wir werden Textdetektive* (Gold et al., 2004) wird dieser Gedanke wieder aufgegriffen.

Willenskraft und Gefühle. Im INVO-Modell erfolgreichen Lernens (vgl. Abbildung 2) waren neben der Motivation und dem Selbstkonzept auch die Willenskraft (Volition) und die lernbegleitenden Emotionen als wichtige Bedingungen genannt. Der Unterschied zwischen Motivation und Volition ist rasch erklärt: Die Motivation ist die Bereitschaft einer Person, sich intensiv und anhaltend mit einem Gegenstand auseinanderzusetzen – also die Lernabsicht. Aber diese Bereitschaft muss auch realisiert, muss in konkretes Handeln umgesetzt werden. Das tatsächliche Ingangsetzen und das beharrliche Weiterverfolgen von Handlungen – also auch die fortlaufende Überwindung von Handlungshindernissen – ist eine Frage der Willensstärke, der Volition. Unterschiedliche Maßnahmen der volitionalen Selbstregulation (Willens- bzw. Handlungskontrolle) haben sich als geeignet erwiesen, motivational gewünschte Handlungen tatsächlich zu initiieren und konkurrierenden Handlungsimpulsen zum Trotz bis zur Zielerreichung andauern zu lassen. Solche Selbststeuerungsmaßnahmen richten sich beispielsweise auf die Kontrolle der Aufmerksamkeit und der Emotionen oder auf das Vermeiden lern- und leistungsabträglicher Gedanken und Reflexionen während des Lernens (vgl. Hasselhorn & Gold, 2006).

Nun zu den lern- und lesebegleitenden *Emotionen*. In Bezug auf das literarische Lesen ist die Bedeutsamkeit der eigenen Gefühle bei der emphatischen Durchdringung der Gefühlswelten handelnder Figuren eines Textes leicht einsehbar. Vor allem für das genussorientierte Lesen gilt: Die Lesetexte werden bedürfnisbezogen ausgewählt und das Lesen selbst ist mit angenehmen Gefühlen verbunden. Eigene Gefühle spielen aber auch beim verstehenden Lesen pragmatischer Sach- und Gebrauchstexte durchaus eine Rolle. Denn auch die in pragmatischen Texten beschriebenen Sachverhalte oder vertretenen Positionen können intensive Regungen der Zustimmung oder Ablehnung auslösen. Und die emotionale Beteiligung beeinflusst die Qualität der Textverarbeitung.

Emotionen sind mehr oder weniger komplexe Muster körperlicher und mentaler Veränderungen, die aus physiologischen Erregungen, kognitiven Prozessen und subjektiven Erlebensqualitäten bestehen. Emotionen und Gestimmtheiten beeinflussen das Lernen und damit auch den Lesevorgang in vielfältiger Weise. Positive (Freude und Stolz) und negative (Ärger und Angst) Emotionen wirken sich auf die Funktionsweise und die Effizienz der kognitiven Lernprozesse und auf das Lernergebnis aus. Wer wütend oder ängstlich ist, wird kaum mit der erforderlichen Erfolgszuversicht und mit den geeigneten strategischen Werkzeugen an das Lesen eines schwierigen Sachtextes herangehen oder er wird einer leistungsthematisch geprägten Situation ohnehin aus dem Wege gehen. Auf der anderen Seite sind Emotionen auch das Resultat von Lernprozessen – das gilt für das leistungsorientierte wie das lustbetonte Lesen in gleicher Weise. Ob negative oder positive Leseerfahrungen im schulischen und privaten Bereich Leseverweigerer oder »Leseratten«, ängstliche oder kompetente Leser hervorbringen, ist natürlich eine Frage der individuellen Lerngeschichte und der pädagogischen Begleitung.

4. Strategisches Lesen

Worum geht es?

Beim strategischen Lesen geht es um besondere Aktivitäten der Leser, die das Verstehen und Behalten von Texten erleichtern. Solche Aktivitäten bezeichnet man als Lesestrategien. Lesestrategien unterstützen die Prozesse der globalen Kohärenzbildung und erleichtern damit den Aufbau einer kohärenten mentalen Repräsentation des Gelesenen. Die wichtigsten Lesestrategien sind die ordnenden oder organisierenden, die verknüpfenden oder elaborierenden und die wiederholenden Strategien. Den sogenannten metakognitiven Strategien kommt eine wichtige Planungs-, Kontroll- und Steuerungsfunktion zu.

Das Textverstehen und die Lesekompetenz lassen sich erlernen und verbessern. Es gibt eine Reihe kognitiver und metakognitiver Lesestrategien, die das Verstehen von Texten erleichtern. Wie sehen solche Lesestrategien aus? Wie geht jemand vor, der strategisch liest?

Das Verstehen und Behalten von Informationen aus Texten wird vor allem durch ordnende, durch verknüpfende (elaborierende) und durch wiederholende Strategien unterstützt sowie durch die zugehörigen selbstregulativen Aktivitäten. Der Nutzen des strategischen Lesens ist dabei durchaus nicht auf das Genre der pragmatisch-expositorischen *Sachtexte* begrenzt, die mit der Absicht des Verstehens und Behaltens gelesen werden. Nur sind die Textmuster der pragmatischen Texte meist komplexer als die der narrativen, so dass ein strategisches Vorgehen dort besonders hilfreich ist. Aber auch für literarische Texte gilt, dass der Einsatz von kognitiven und metakognitiven Lesestrategien auf der Textebene den Aufbau eines adäquaten Situationsmodells im Sinne Kintschs begünstigt (vgl. Kapitel 1).

Lern- und Lesestrategien lassen sich anhand verschiedener Klassifikationssysteme ordnen. Besonders bekannt ist die auf einen Aufsatz von Claire Weinstein und Richard Mayer (1986) zurückgehende Aufteilung in Organisations-, Elaborations- und Wiederholungsstrategien (das sind die kognitiven Primärstrategien) sowie in affektive und motivationale Strategien und Strategien der Verständniskontrolle. Im Folgenden werden zunächst die kognitiven *Primärstrategien* näher beschrieben. Eine umfassende Darstellung zum aktuellen Stand der Lernstrategieforschung bietet das Handbuch *Lernstrategien* von Mandl und Friedrich (2006).

Ordnende Strategien. Als ordnende oder organisierende Strategien bezeichnet man Vorgehensweisen, die durch Informationsreduktion eine Verdichtung der Textvorlage bewirken.

Im Umgang mit Lesetexten gehört das Markieren der Texte zu den wichtigsten Techniken. Hierbei sollen wichtige Stellen im Text hervorgehoben und damit weniger wichtige oder nicht benötigte Textstellen in den Hintergrund gerückt werden; zugleich sollen Textstellen unter formalen oder inhaltlichen Gesichtspunkten bewertet werden. Ein solches Vorgehen bringt verschiedene Vorteile: Zum einen können dadurch Wiederholungen nach längerer Zeit ökonomischer gestaltet werden, zum anderen verbessern Markierungen aber auch die Erstbearbeitung des Textes, indem sie von Beginn an zu einer größeren Aufmerksamkeit und zu einem bewertenden Mitdenken beim Studium des Textes zwingen. Hierdurch werden letztlich die Behaltensleistung und das Verständnis des Textes gesteigert. Das Kernstück der Textmarkierung ist die Kennzeichnung wichtiger Wörter, Gedanken oder Textstellen. Dies kann durch Unterstreichen mit Bleistift oder mit Filzschreibern erfolgen, durch Anbringen einer senkrechten Strichmarke am Rand, mit der auf eine wichtige Zeile oder auf einen wichtigen Abschnitt hingewiesen wird, oder durch Umkreisen der entsprechenden Textfelder.

Über diese einfache Markierung der wichtigsten Stellen hinaus sollten aber unbedingt auch die inhaltlichen Zusammenhänge dieser Textstellen angedeutet werden. Dies geschieht durch verbindende Linien, Pfeile usw. Damit wird das Erkennen und Erfassen der Systematik des Textes entscheidend verbessert. Die Textbearbeitung wird außerdem durch unterschiedliche Hinweis- und Wertungszeichen erleichtert, mit denen besonders einleuchtende oder fragliche Passagen, Beispiele oder Gedanken, denen Sie noch weiter nachgehen möchten, gekennzeichnet werden. Günstig wirken sich Randnotizen aus, mit denen Sie Assoziationen festhalten, die Textinformationen mit eigenen Worten ausdrücken oder sie kommentieren. Eine solche Anreicherung erfordert eine noch intensivere Auseinandersetzung mit dem Text und ist deshalb stärker verständnis- und gedächtnisfördernd als die eigentliche Textmarkierung. Zur Textmarkierung können Bleistifte oder Filzstifte mit besonders transparenter Farbe (Marker) verwendet werden. Bei den verschiedenen Bleistifttypen sind weiche Bleistifte vorzuziehen, weil man dabei noch die Möglichkeit hat, durch unterschiedlichen Druck den Grad der Wichtigkeit optisch anzudeuten.

Randnotizen (handschriftlich): + · Möglichkeiten des Markierens · ! · Hilfreich: Randnotizen · Stifte · ?

Diagramm: Vorteile des Markierens im Text — Bewertendes Mitdenken — Ökonomische Gestaltung von Wiederholungen — Größere Aufmerksamkeit — Besser behalten und verstehen

Abb. 3: Eine mit Organisationsstrategien bearbeitete Textseite (nach einer Vorlage des Selbstlernzentrums des Hittorf-Gymnasiums, Münster)

Beispielsweise durch das **Hervorheben** oder <u>Unterstreichen</u> der Hauptgedanken, durch das prägnante Zusammenfassen und Verallgemeinern von Argumenten oder Sachverhalten, das Aufzählen der wichtigsten Punkte oder das Auffinden von Oberbegriffen. Das Ordnen und Organisieren kann sich auch graphischer Darstellungstechniken bedienen – dementsprechend visualisiert oder graphisch restrukturiert sieht ein Textabschnitt nach dem strategischen Lesen dann häufig aus (Abbildung 3).

Inhaltsbezogen ordnen und organisieren kann allerdings nur, wer durch sein Vorwissen über ein inhaltliches Bezugssystem verfügt, welches auf die Textvorlage anwendbar ist. Mit anderen Worten: das Organisieren orientiert sich zwar an den Textinhalten (bottom-up) und bleibt insoweit textimmanent; die Sinnhaftigkeit des Geordneten ergibt sich allerdings vornehmlich konzeptgesteuert (top-down), hängt also von den individuellen Vorwissensbeständen, dem jeweiligen Leseziel und den besonderen Leseerwartungen ab.

Elaborierende Strategien. Elaborationsstrategien gehen über die Textoberfläche hinaus. Sie reduzieren den Text nicht, sondern reichern ihn an. Durch die Anwendung elaborativer Strategien wird eine Textvorlage »sichtbar« mit dem eigenen Vorwissen, mit Gefühlen und Meinungen, eigenen Bildern und Einstellungen verknüpft. Beispiele: Sich Gedanken zu einer vorgegebenen Überschrift machen, bevor man den Text liest, für Teilabschnitte neue Überschriften finden, sich etwas bildhaft vorstellen, konkrete Anwendungs- oder Gegenbeispiele für eine Argumentation oder einen Sachverhalt suchen, komplexe Schlussfolgerungen ziehen (Abbildung 4). Die elaborativen Strategien erleichtern eine Verbindung der Textinformationen mit dem bereits vorhandenen Vorwissen.

Auch beim Einsatz der elaborativen Strategien wirken text- und konzeptgesteuerte Verarbeitungsprozesse zusammen. Im Anschluss an die elaborative Verarbeitung steht in aller Regel mehr auf der Textseite als zuvor. Aber dieses »mehr« ist keine zusätzliche Belastung für das Gedächtnis, sondern für die Informationsverarbeitung von Vorteil. Es wirkt sich verstehens- und behaltensfördernd aus.

Wiederholende Strategien. Wer etwas verstanden hat, will es häufig auch behalten. Wiederholungsstrategien, wie z.b. das mehrmalige Lesen, das Abschreiben oder das Auswendiglernen, sollen das erleichtern. Der Grundgedanke ist einfach und geht auf die frühen Mehrspeichermodelle in der Gedächtnispsychologie zurück: Indem Informationen durch aktives Wiederholen länger im Kurzzeit- oder Arbeitsspeicher des Gedächtnisses präsent sind, werden sie mit einer größeren Wahrscheinlichkeit in das Langzeitgedächtnis übertragen. Wichtig ist: Wiederholungsstrategien sollten erst dann zum Einsatz kommen, wenn die Phasen der reduktiven und elaborativen Informationsverarbeitung bereits durchlaufen sind. Sonst wird etwas eingeprägt, was nicht verstanden ist!

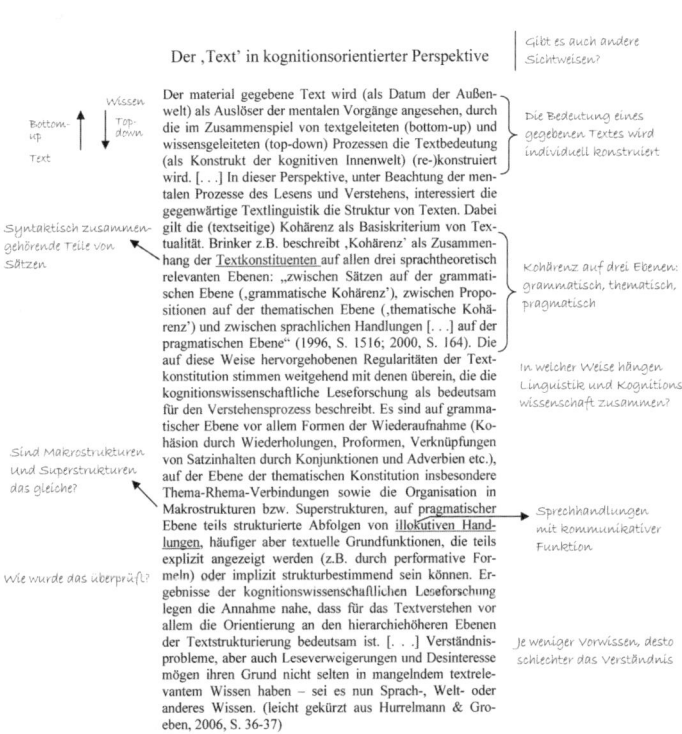

Der ‚Text' in kognitionsorientierter Perspektive

Gibt es auch andere Sichtweisen?

Bottom-up
Wissen
Top-down
Text

Der material gegebene Text wird (als Datum der Außenwelt) als Auslöser der mentalen Vorgänge angesehen, durch die im Zusammenspiel von textgeleiteten (bottom-up) und wissensgeleiteten (top-down) Prozessen die Textbedeutung (als Konstrukt der kognitiven Innenwelt) (re-)konstruiert wird. [...] In dieser Perspektive, unter Beachtung der mentalen Prozesse des Lesens und Verstehens, interessiert die gegenwärtige Textlinguistik die Struktur von Texten. Dabei gilt die (textseitige) Kohärenz als Basiskriterium von Textualität. Brinker z.B. beschreibt ‚Kohärenz' als Zusammenhang der Textkonstituenten auf allen drei sprachtheoretisch relevanten Ebenen: „zwischen Sätzen auf der grammatischen Ebene (,grammatische Kohärenz'), zwischen Propositionen auf der thematischen Ebene (,thematische Kohärenz') und zwischen sprachlichen Handlungen [...] auf der pragmatischen Ebene" (1996, S. 1516; 2000, S. 164). Die auf diese Weise hervorgehobenen Regularitäten der Textkonstitution stimmen weitgehend mit denen überein, die die kognitionswissenschaftliche Leseforschung als bedeutsam für den Verstehensprozess beschreibt. Es sind auf grammatischer Ebene vor allem Formen der Wiederaufnahme (Kohäsion durch Wiederholungen, Proformen, Verknüpfungen von Satzinhalten durch Konjunktionen und Adverbien etc.), auf der Ebene der thematischen Konstitution insbesondere Thema-Rhema-Verbindungen sowie die Organisation in Makrostrukturen bzw. Superstrukturen, auf pragmatischer Ebene teils strukturierte Abfolgen von illokutiven Handlungen, häufiger aber textuelle Grundfunktionen, die teils explizit angezeigt werden (z.B. durch performative Formeln) oder implizit strukturbestimmend sein können. Ergebnisse der kognitionswissenschaftlichen Leseforschung legen die Annahme nahe, dass für das Textverstehen vor allem die Orientierung an den hierarchiehöheren Ebenen der Textstrukturierung bedeutsam ist. [...] Verständnisprobleme, aber auch Leseverweigerungen und Desinteresse mögen ihren Grund nicht selten in mangelndem textrelevantem Wissen haben – sei es nun Sprach-, Welt- oder anderes Wissen. (leicht gekürzt aus Hurrelmann & Groeben, 2006, S. 36-37)

Die Bedeutung eines gegebenen Textes wird individuell konstruiert

Syntaktisch zusammengehörende Teile von Sätzen

Kohärenz auf drei Ebenen: grammatisch, thematisch, pragmatisch

In welcher Weise hängen Linguistik und Kognitionswissenschaft zusammen?

Sind Makrostrukturen und Superstrukturen das gleiche?

Wie wurde das überprüft?

Sprechhandlungen mit kommunikativer Funktion

Je weniger Vorwissen, desto schlechter das Verständnis

Abb. 4: Eine mit Elaborationsstrategien bearbeitete Textseite

Soweit die kognitiven Primärstrategien. Die Strategien der Verständniskontrolle nennt man auch metakognitive Strategien. Sie beschreiben die Selbstkontroll- oder Steuerungsaktivitäten des Lernenden während des Lernprozesses. Diese Aktivitäten beziehen sich auf das Planen, Überwachen und Bewerten des eigentlichen (kognitiven) Lernvorgangs, aber auch auf die Initiierung und Aufrechterhaltung anderer lernförderlicher Aktivitäten.

Metakognitive Strategien. Gute Leser(innen) überfliegen einen Text nach Maßgabe ihrer Leseziele und -erwartungen und entscheiden dann, ob sie den Text überhaupt richtig lesen wollen. Erst danach planen sie ihr weiteres Vorgehen. Sie kennen die notwendigen ordnenden und elaborativen Strategien und setzen sie zielführend ein. Sie wissen aber auch um deren Begrenztheiten. Vor allem überwachen und bewerten sie ihren eigenen Leseprozess. So merken sie auch, ob sie eine schwierige Textstelle mehrmals lesen müssen und welcher zusätzlicher Hilfen sie bedürfen. Dies alles nennt man den Einsatz metakognitiver Strategien. Sind die bislang beschriebenen *kognitiven Strategien* quasi die konkreten Handlungsanweisungen zum Umgang mit Texten, so kommt den *metakognitiven Strategien* sowohl für das Ordnen als auch für das Elaborieren eine wichtige Kontroll- und Regulationsfunktion zu. Beispiele dafür sind: Selbst prüfen, ob die Hauptgedanken eines Textes richtig erinnert werden können; selbst Fragen zum Text formulieren und beantworten; selbst prüfen, ob ein Sachverhalt verstanden wurde. Auch die Anpassung der Lesegeschwindigkeit an die Textschwierigkeit ist eine metakognitive Strategie.

Entscheidend ist: Kompetente Leser(innen) kennen nicht nur die kognitiven und metakognitiven Strategien, sondern sie wissen auch um ihre Wirksamkeit und können sie adaptiv, d.h. aufgabenangemessen einsetzen. Wissen über die Lesestrategien zu erwerben kann nur ein erster Schritt sein. Zur Verbesserung der Lesekompetenz wird dieses Wissen nur beitragen, wenn es auch handlungsrelevant wird.

Affektive und motivationale Strategien. Kognition allein genügt nicht. Auch Emotionen, Motive und Willenskräfte spielen beim Lernen durch Lesen eine wichtige Rolle (Hurrelmann, 2002;

52

Rosebrock, 2003b). Leseintentionen müssen aufgebaut werden. Eine einmal begonnene Leseaktivität muss aufrecht erhalten und gegen Störreize abgeschirmt werden. Nicht selten sind Ängste und Misserfolge auf dem Weg zum kompetenten Lesen zu bewältigen. Maßnahmen zur Selbstmotivierung und Selbstverstärkung sind notwendig und hilfreich, um ein positives (und zugleich realistisches) Selbstkonzept eigener Fähigkeit und Tüchtigkeit aufzubauen. Im vorangegangenen Kapitel wurde bereits darauf hingewiesen.

Förderung von Lesestrategien. In diesem Buch wird die Auffassung vertreten, dass ein strategieorientierter Unterricht den Aufbau lesestrategischer Kenntnisse und Fertigkeiten und damit die Lesekompetenz befördert. Die oben beschriebenen Lesestrategien erleichtern nachweislich das Verstehen und Behalten von Texten, wenn sie systematisch sowie aufgaben- und zielangemessen eingesetzt werden. Auf einer ›mittleren Rezeptionsebene‹ begünstigt das strategische Lesen eine kohärente mentale Repräsentation pragmatischer und literarischer Textvorlagen. Im Hinblick auf das Verstehen, Interpretieren und Bewerten literarischer Texte ist es allerdings mit dem strategischen Lesen allein nicht getan. Aber auf seiner Grundlage sind die notwendigen Voraussetzungen einer literarästhetischen Rezeption geschaffen.

Um systematisch zum kompetenten Einsatz von Lesestrategien anzuleiten wurde das in Kapitel 6 ausführlich beschriebene Unterrichtsprogramm *Wir werden Textdetektive* entwickelt (Gold, Trenk-Hinterberger & Souvignier, 2009). Natürlich ist die Hinführung zum kompetenten Lesen ohnehin Gegenstand des schulischen Unterrichts. Denn die umfassendste Form der Leseförderung findet – beginnend in der Grundschule – im Deutschunterricht statt. Im nächsten Kapitel wird die Leseförderung im Unterricht näher betrachtet.

5. Leseförderung im Unterricht

Worum geht es?

Um den Beitrag der Schule beim Aufbau von Lesefertigkeiten und Lesemotivation. Das Erschließen und Verstehen von Texten ist ein wesentlicher Bestandteil des weiterführenden Lesens im Deutschunterricht der 5. und 6. Klassen. Eingeübt wird es meist durch textnahes Erarbeiten. Besondere Maßnahmen der schulischen Leseförderung lassen sich idealtypisch zwei Gruppen zuordnen: Maßnahmen zur Förderung von Lesemotivation, Leseinteresse und Lesehäufigkeit sowie Maßnahmen zur Vermittlung von Lesetechniken oder Lesestrategien. Häufig korrespondieren damit unterschiedliche unterrichtsdidaktische Konzepte: eine offene, interessenorientierte Form der Leseanimation oder ein angeleitetes, systematisches Lesetraining.

Sieht man von den besonderen Bedürfnislagen der extrem leseschwachen Kinder einmal ab, die noch zu Beginn der Sekundarstufe einer besonderen und meist unterrichtsadditiven Form der Leseförderung bedürfen, so ist die Herausbildung und Festigung der texterschließenden, sinnerfassenden Lesekompetenz eine der wichtigsten Aufgaben von Schule und Unterricht in der Sekundarstufe. Dennoch ist das unterrichtliche Lesen – zumal die Lektüre literarischer Texte – durchaus nicht die dominierende Thematik des Deutschunterrichts in der beginnenden Sekundarstufe. Neben dem Literaturunterricht fordern Rechtschreibung und Grammatik, aber auch das selbstständige Verfassen von Texten (Aufsatzschreiben) ihren Raum.

Zurück zur Lesekompetenz. Das Kennen und Anwenden von Lesestrategien ist für den Umgang mit pragmatischen Sach- und Gebrauchstexten von großer Bedeutung. Aber auch literarische Texte lassen sich leichter zusammenfassen und wiedergeben, wenn die richtigen Strategien des Verstehens und Behaltens Anwendung finden. Da sich gute und schwache Leser(innen) in Kenntnis und Anwendung kognitiver und metakognitiver Lese-

54

strategien voneinander unterscheiden und da diese Strategien grundsätzlich erlernbar sind, scheint es nahe liegend, sie auch im Unterricht zu vermitteln und einzuüben.

Das ist in den schulischen Lehrplänen und in den Bildungsstandards für den Deutschunterricht auch so vorgesehen. Die von der Konferenz der Kultusminister(innen) der Länder (KMK) vereinbarten *Bildungsstandards* für das Fach Deutsch halten für den Bereich Lesen als Zielvorgabe fest: »Strategien zum Leseverstehen kennen und anwenden«. Und präziser:

Die Schüler/innen verfügen über grundlegende Verfahren für das Verstehen von Texten. Sie entnehmen selbstständig Informationen aus Texten, verknüpfen sie miteinander und verbinden sie mit ihrem Vorwissen. Dafür entwickeln sie verschiedene Lesetechniken und setzen Lesestrategien gezielt ein. (KMK, 2003)

Wie kommen sie (die Schülerinnen und Schüler) dazu? Anders als die lange Zeit verbindlichen stofforientierten Lehrpläne schreiben Bildungsstandards lediglich die angezielten Kompetenzen fest, lassen aber die Wege und Mittel der Zielerreichung weitgehend offen. Bildungsstandards sind normative Vorgaben im Sinne einer bereichsspezifischen Leistungserwartung oder eines »Erwartungshorizonts« am Ende eines Schuljahres oder einer Schulform. Die von der KMK für den Deutschunterricht formulierten Standards lassen keinen Zweifel daran, dass die erwartete Lesekompetenz eine grundlegende und fächerübergreifende, für das gesamte schulische Lernen entscheidende Basisqualifikation darstellt. Die Frage ist nur, wie gut der Deutschunterricht am Ende der Primar- und zu Beginn der Sekundarstufe darauf vorbereitet.

Beispiel: Wozu lesen?

Man liest und liest, man kapiert nix. Deswegen, wozu soll ich lesen? (Ali, 18)

Weiterführendes Lesen. In der Deutschdidaktik wird traditionell zwischen dem Erstleseunterricht bzw. dem Leselehrgang in den Klassen 1 und 2, dem weiterführenden, vornehmlich interessengeleiteten Kinder- und Lesebuchlesen ab Klasse 3 und dem darauf folgenden Literaturunterricht in der Sekundarstufe ab Klasse 5 unterschieden. Kaspar Spinner (2004) hat diese Abgrenzungen mit Blick auf das den Schulformen eigene professionelle Selbstverständnis der Lehrerinnen und Lehrer problematisiert und auf die daraus resultierende Sollbruchstelle hinsichtlich der jeweils beanspruchten oder zugewiesenen Zuständigkeiten hingewiesen: In der Grundschule wird die Förderung der Lesekompetenz im Sinne einer grundlegenden Lesefertigkeit noch als eine zentrale Aufgabe betrachtet. Doch:

In der Sekundarstufe dagegen gehen Lehrerinnen und Lehrer davon aus, dass eine basale Lesekompetenz vorhanden sein müsse. PISA hat aufgedeckt, dass dies bis hin zum Ende der Sekundarstufe I für einen bedenklich großen Teil der Schülerinnen und Schüler nicht gilt und dass sich die Lehrkräfte dieses Problems kaum bewusst sind. (Spinner, 2004, S. 127)

Weil die Lesekompetenz am Ende der Grundschulzeit (eigentlich) vorhanden sein muss, wird sie folgerichtig für den nachfolgenden Literaturunterricht der Sekundarstufe als vorhanden vorausgesetzt – der Lesefähigkeitsunterricht der Grundschule findet deshalb dort keine Fortsetzung, nicht selten mit ungünstigen Folgen.

Ein eigentliches Lesecurriculum gab und gibt es für die Sekundarstufe nicht. Die Problematik erinnert hinsichtlich der wechselseitig abgegrenzten Zuständig- und Verantwortlichkeitsbereiche von Primar- und Sekundarstufenlehrern im Übrigen an die allzu vertrauten Debatten und Schuldzuweisungen an anderen Naht- und Übergangsstellen unseres Bildungssystems. An die Klagen der Grundschullehrerinnen, Eltern und Kindergärten überantworteten ihnen schulunreife Kinder, an die Vorhaltungen der Universitätsprofessoren, das Gymnasium entlasse studierunfähige Absolventen.

Aus fachdidaktischer Sicht sollte das weiterführende Lesen ohnehin nicht in allzu strenger Abgrenzung zum Lesenlernen betrachtet werden. Natürlich ist es für das literarische Verstehen hilfreich, wenn die hierarchieniedrigen Prozesse der Worterkennung möglichst schnell und bereits weitgehend automatisiert ablaufen. Aber auch eine möglichst frühe Beschäftigung mit altersgemäß interessanten Erzähltexten unterschiedlicher Art unterstützt den Aufbau von Lesebereitschaft und Leseinteresse.

Unterrichtspraktisch setzt die Einleitung besonderer Maß-nahmen zur Förderung der Lesekompetenzen der 8- bis 12-Jährigen zweierlei voraus: Zum einen müssen die Lehrerinnen und Lehrer, gleich welcher Schulform, über die notwendigen diagnostischen Fähigkeiten verfügen, unterschiedliche Arten von Leseschwierigkeiten möglichst frühzeitig zu erkennen. Zum anderen müssen sie die geeigneten Fördermaßnahmen kennen, um durch die richtige Auswahl den möglichst zielführenden Einsatz einer individuell abgestimmten *Fördermaßnahme* zur Behebung solcher Schwierigkeiten in die Wege zu leiten.

Diagnose der Lesekompetenz. Lehrerinnen und Lehrer tun sich offenbar schwer, die Lesekompetenz ihrer Schülerinnen und Schüler richtig einzuschätzen. Das hat in jüngerer Zeit die PISA-Studie gezeigt, wo mehr als 90 Prozent der Problemschüler unterhalb von Kompetenzstufe II (vgl. Kapitel 1) – und das waren nicht wenige – von ihren Lehrkräften nicht als solche erkannt wurden. Das Versäumnis ist aber weniger den Lehrern selbst als vielmehr einem unzureichenden Aus- und Fortbildungsangebot anzulasten, wo diagnostische Kompetenzen bislang nicht oder nur am Rande vermittelt werden. Dabei gibt es vor allem für den Einsatz im zweiten bis vierten Schuljahr eine ganze Reihe von standardisierten Testverfahren, um im Gruppen- oder Einzeltest die Lesegenauigkeit und -flüssigkeit, die Lesegeschwindigkeit sowie das Lese- und Hörverstehen zuverlässig zu erfassen (vgl. Lenhard & Schneider, 2009). Wo solche Tests durchgeführt wer-den – häufig wird zunächst einmal auch eine informelle Beob-achtung genügen –, lassen sich, wenn es geboten erscheint, an-hand der Befunde dieser Testungen Art und Umfang einer be-sonderen Fördermaßnahme leichter planen.

Die diagnostische Kompetenz der Lehrerinnen und Lehrer ist natürlich kein Selbstzweck. Nur wenn die Lesediagnose dazu dient, besondere Angebote und abgestimmte Formen der indivi-duellen Unterstützung und Förderung auszuwählen und durchzu-führen, wird sie pädagogisch bedeutsam. Der 2006 von Gerold Becker und Kollegen herausgegebene Band *Diagnostizieren und Fördern* illustriert diesen förderdiagnostischen Anspruch für unterschiedliche Fächer, Jahrgangsstufen und Schulformen.

Beispiel: Lesetests

Mit der Würzburger Leise Leseprobe (WLLP) werden Worterkennung und Dekodiergeschwindigkeit in der Grundschule erfasst. Eine weiter reichende Diagnose des Leseverständnisses auf der Wort-, Satz- und Textebene leistet der ebenfalls in Würzburg entwickelte Leseverständnistest für Elementarschüler (ELFE). In ähnlicher Weise zielt der Hamburger Leseverständnis für 3. und 4. Klassen (HAMLET 3-4) auf das Verstehen von narrativen und expositorischen Texten. Zu vorgegebenen Texten werden jeweils Fragen gestellt, um so die erreichten Stufen des Leseverständnisses zu diagnostizieren. Der Frankfurter Leseverständnistest (FLVT) erfasst das Leseverständnis in den Jahrgangsstufen fünf und sechs. Der Test Knuspels Leseaufgaben für 1.- 4. Klassen (Knuspel-L) erfasst zusätzlich die Vorläuferfertigkeiten des verstehenden Lesens.

Die meisten Lesetests zielen auf die Identifikation leseschwacher Schüler in der Grundschule oder auf die Diagnostik spezifischer Lese-Rechtschreibschwierigkeiten. Die neueren Verfahren erfassen auch die Vorläufer- und Teilfertigkeiten des verstehenden Lesens. Die älteren Schulleistungstests, wie z.B. der Diagnostische Test Deutsch für 4.-6. Klassen (DTD), gehen darauf nicht ein. Gängige Lesetests für die Grundschule haben Voss und Blatt (2005) in einem Aufsatz übersichtlich zusammengestellt. Tests für die weiterführenden Schulen sind rar. Die in den großen internationalen Vergleichsstudien PISA und IGLU eingesetzten (Gruppen-)Testverfahren beruhen auf einem theoretischen Modell des Leseverstehens als Informationsverarbeitung. Für die Individualdiagnostik eignen sie sich nicht.

Textverstehen und Literaturdidaktik. Der unterrichtliche Umgang mit literarischen Texten umfasst meist zweierlei: das sinnerfassende Erschließen eines Textes durch einen Leser und die darauf folgenden Formen der Anschlusskommunikation in der Lerngruppe und mit der Lehrperson. Wer allerdings die zentralen Aussagen und Absichten eines Textes sowie seine formale Struktur nicht versteht, kann das Gelesene weder für sich selbst in einen größeren Zusammenhang einordnen, noch kann er sich mit anderen über das Gelesene verständigen.

Im Literaturunterricht der beginnenden Sekundarstufe werden zunächst Texte aus der Kinder- und Jugendliteratur behandelt, später auch anspruchsvollere Texte der sogenannten Hochliteratur, weil man diesen einen günstigen Einfluss auf die Entwicklung der Schülerpersönlichkeit zuschreibt. Die Entwicklung der Texterschließungskompetenz im Unterricht (Schubert-Felmy,

2003) setzt zum einen die Bereitstellung hinreichender Lesegelegenheiten und geeigneter Hilfen voraus, zum anderen, dass die notwendigen entwicklungspsychologischen Voraussetzungen bei den Schülerinnen und Schülern gegeben sind. Solche reifungs- und lerngeschichtlich bedingten Lernvoraussetzungen begrenzen stets die Textarbeit – sie sind bei allen pädagogischen Maßnahmen zu beachten. So ist es beispielsweise noch für Jugendliche nicht einfach, Komik, Satire und Ironie, zumal in ihren subtileren Formen, angemessen zu rezipieren.

Christine Garbe, Karl Holle und Maria von Salisch (2006) haben in einer lesenswerten Zusammenführung die entwicklungspsychologischen Voraussetzungen des Textverstehens aus literaturdidaktischer Sicht beleuchtet. Für die drei ›Entwicklungsplateaus‹ der frühen und der mittleren Kindheit sowie der Adoleszenz haben sie Entwicklungsaufgaben und die zu erwartenden bzw. erwünschten literalen und literarischen Kompetenzen näher beschrieben und zusätzlich die optimalen Lerngegenstände und deren exemplarische Vermittlungsformen benannt. Die Autoren halten resümierend fest, dass sich die Didaktiken in den deutschsprachigen Ländern durch eine besondere Wertschätzung der literarästhetischen Bildung und eines hohen schriftkulturellen Standards auszeichnen, ganz im Gegensatz zur Tradition in den angelsächsischen und skandinavischen Ländern, wo eher ein an den Sprachhandlungen orientiertes literacy-Konzept verfolgt wird.

Das Nacherzählen und die Inhaltsangabe sind zwei gebräuchliche Methoden der genauen Textarbeit – des systematischen Arbeitens an einem (literarischen) Text –, die ein verstehendes, den Textinhalt erschließendes Lesen voraussetzen und damit zugleich einfordern. Ganz im Unterschied zu der bei Schülern häufig unbeliebten, weil im Anforderungsgehalt uneindeutigeren Methode der Textinterpretation scheint die Leistungsvorgabe hierbei deutlicher definiert. Auch der Vorzug des strategischen Vorgehens ist für das Nacherzählen und für die Inhaltsangabe rasch evident: Textschwierigkeiten klären, Wichtiges unterstreichen, Wichtiges zusammenfassen, einen Text neu gliedern. All das erleichtert in leicht erkennbarer Weise die Textarbeit.

Förderung der Lesekompetenz. Dem Schulfach Deutsch kommt eine zentrale Bedeutung bei der Entwicklung und Förderung der Lesekompetenz zu. Dennoch sollte der Förderung des kompetenten Lesens – zumal von Sachtexten – auch in den anderen Unterrichtsfächern mehr Aufmerksamkeit geschenkt werden. Dass die im anfänglichen Literaturunterricht und zunächst auch in der Freizeit häufiger gelesenen Kinder- und Jugendbücher nicht bei allen zum Ausgangspunkt einer belletristischen Leserkarriere werden, hat viele Ursachen. Manchmal mag es auch daran liegen, dass Gelegenheiten zur Anschlusskommunikation an der Schnittstelle zwischen Schule und Freizeit nicht gesehen oder genutzt werden. Kinder meinen oft, dass sich die Lehrerinnen und Lehrer für ihre häusliche Lektüre nicht interessierten (Hurrelmann, 2004). Andererseits legen sie aber auch nicht unbedingt Wert darauf, dass ihre persönliche Freizeitlektüre im Deutschunterricht behandelt wird. Speziell für Jungen ist zudem die Angemessenheit und Attraktivität des Leseangebots kritisch zu hinterfragen: Es gibt nur wenige Sachtexte, die im Deutschunterricht behandelt werden.

Überhaupt bleibt die Vervollkommnung der Lesefertigkeit und des Textverstehens am Ende der Grundschul- und in der beginnenden Sekundarschulzeit in hohem Maße der mehr oder weniger beiläufigen Auseinandersetzung mit Texten überlassen (Dehn, Payrhuber, Schulz & Spinner, 1999). Denn für den Deutschunterricht insgesamt fehlt ein verbindliches Lesecurriculum, welches auf der Grundlage einer systematischen Förderorientierung unterschiedliche Textsorten unterschiedlicher Schwierigkeitsgrade und Verständnisanforderungen umfasste. Natürlich wird im Literaturunterricht gelesen. Aber es können nur wenige Bücher ganz im Unterricht gelesen werden. Mehr als zwei ganzschriftliche Texte pro Schuljahr wird man kaum behandeln können. Viele Kinderbücher laden vornehmlich extracurricular zum Lesen ein.

Vor allem in den Grundschuljahren wird auf die Entwicklung und Förderung der Lesemotivation und des Leseinteresses viel Wert gelegt. In der Orientierung an Erzähltexten und an den Texten der Kinder- und Jugendliteratur zeigt sich das in besonderer Weise. In der Sekundarstufe wird der Fokus allmählich ein anderer. Zum Genusslesen tritt der Umgang mit und die Erarbeitung von Texten unterschiedlicher literarischer Gattungen, tritt die Auseinandersetzung mit klassischer und zeitgenössischer Literatur. Dass dies nicht immer vergnüglich empfunden wird, ist bekannt, zumal dann, wenn die notwendigen Grundfertigkeiten und Erschließungskompetenzen, wie bei den schwachen Leserinnen und Lesern der Fall, noch nicht vorhanden sind. In dieser Zeit wird häufig auch ein Gegensatz zwischen der Schul- und der Freizeitlektüre (so es letztere überhaupt noch gibt) konstruiert. Und der literarische Kanon des Deutschunterrichts weckt nicht selten sogar Aversionen gegen die Lektüre: was gelesen werden muss, wird nicht mehr freiwillig gelesen.

Dabei sind die literaturdidaktischen Ziele und Konzepte nicht ohne Berechtigung und Plausibilität (Dehn et al., 1999). Zunächst einmal ist die Förderung der Lesefreude und des Leseinteresses als übergeordnete Leitvorstellung zu nennen. In einer Studie von Franz und Payrhuber (2002) haben die mehr als 600 befragten Deutschlehrerinnen und -lehrer nämlich »Lesefreude vermitteln« als wichtigstes Ziel ihres Literaturunterrichts benannt. Die Orientierung an den kindlichen Bedürfnissen und Wünschen und das Bemühen um die Bereitstellung eines altersadäquaten Angebots sind Maßnahmen, die zur Zielerreichung führen sollen. Die Vermittlung einer grundlegenden Texterschließungskompetenz (»Lesefertigkeit verbessern«) ist die zweitwichtigste Zielsetzung der Lehrerinnen und Lehrer. Gemeint ist vor allem die Fähigkeit, literaturwissenschaftlich begründete Verfahren der Werkinterpretation und Stilanalyse auf literarische Texte anzuwenden. Wenn es um nichtliterarische Texte geht, kommt die Vermittlung methodischer Fertigkeiten der Informationsaufnahme und -bewertung hinzu. Eine weitere Zielsetzung des Literaturunterrichts bemisst sich traditionell am Inhalt des Gelesenen. Texte sollen (literarische) Bildung vermitteln. Damit eng verbunden sind die Zielsetzung und der Anspruch, literarische Texte mögen identitätsstiftend und persönlichkeitsbildend wirken. Den hochgesteckten Zielvorstellungen zum Trotz wird der Literaturunterricht nicht selten als wenig interessant, erfahrungsfern, analytisch überlastet oder gar als demotivierend erlebt und beschrieben (Hurrelmann, 2004). Dass dies nicht notwendigerweise an den Textinhalten, sondern auch an einem ungünstig verlaufenden fragend-entwickelnden Unterrichtsgespräch, an dem sich in aller Regel nur eine Minderheit beteiligt, liegen mag, ist eine plausible Vermutung.

Zwischen mehr *Leseanimation* und einer systematischeren Einübung von *Lesestrategien* variiert das Spektrum der empfohlenen Abhilfen, wobei meist unterstellt wird, dass das strategische Lesen eher das Verstehen von Sachtexten befördere, der motivationale Anreiz eher die Lesehäufigkeit und das literarische Lesen. Naturgemäß entsprechen die Maßnahmen der Leseanimation eher den Prinzipien einer »offenen«, die der strategieorientierten Förderung eher einer »angeleiteten« Unterrichtssituation. Beide zielen letztendlich auf die Förderung einer grundlegenden Lesekompetenz, mit der sich Sach- und literarische Texte besser verstehen lassen. Nur wird im einen Fall über die Motivierung zum Mehrlesen eine positive Wirkung auf das Besserlesenkönnen erhofft, während die Befürworter von Strategietrainings die initiative Vermittlung und Erfahrung des kompetenten Lesens seinerseits als günstige Voraussetzung eines nachfolgenden Mehr- und Besserlesens erachten. Deutschdidaktiker wie Kaspar Spinner (2004) und Bettina Hurrelmann (2004) fordern ohnehin, das eine zu tun, ohne das andere zu lassen. Beides sei notwendig und beides könne man miteinander verbinden. Bettina Hurrelmann sieht vor allem in der Hauptschule und bei den schwachen Lesern die Notwendigkeit und den Vorteil einer angeleiteten Strategieinstruktion, die Notwendigkeit der motivationalen Förderung hingegen in allen Schulstufen.

Das bereits erwähnte Leseförderprogramm CORI (Guthrie et al., 2004) verbindet die Förderung von Lesestrategien und Leseengagement. ›Aktives Lesen‹, so die Programmentwickler, ist nur durch eine Kombination von intrinsischer Lesemotivation und kompetenter Strategienutzung zu erreichen. Durch interessante und realitätsnahe Lernanforderungen und Leseaufgaben führt CORI nachweislich zu einer höheren Lesemotivation *und* zu einem kompetenteren Strategieeinsatz (vgl. Kapitel 9).

Leseanimation. Bettina Hurrelmann und Cornelia Rosebrock setzen zur Leseförderung am Leseinteresse und bei der Lesemotivation an und fordern den Aufbau einer umfassenderen »Lesekultur«. Das setzt voraus, dass Schule, Familie und weitere außerschulische gesellschaftliche Institutionen in leseförderlicher

Weise zusammen wirken. Mögliche Verbindungen zwischen den Schul- und den Jugendkulturen werden nämlich noch zu wenig genutzt – ihre Nutzbarmachung wird umso leichter möglich sein, wenn in der Primarstufe bereits die Grundlagen hierfür geschaffen werden. Denn in erster Linie

... ist es Aufgabe der Schule, den Heranwachsenden Lesesituationen anzubieten, in denen sie erfahren können, dass das Lesen emotional belohnend sein kann und dass es auch im sozialen Zusammenhang Sinn macht. Generell hat Leseförderung in der Schule natürlich die besten Chancen, wenn sie versucht, mit den anderen Sozialisationsinstanzen an einem Strang zu ziehen. (Hurrelmann, 2004, S. 59)

Im Literaturunterricht der Sekundarstufe geht zu vielen Schülerinnen und Schülern die Leselust offenkundig verloren. Einige Fachvertreter fordern daher einen literaturdidaktischen Paradigmenwechsel, zu Lasten des philologisch orientierten und zugunsten eines am freizeitlichen Genusslesen orientierten Lesens. Dies verbunden mit dem Einsatz besonderer, zum Lesen animierender Maßnahmen. Bewährte Verfahren der Leseanimation sind z.B. Autorenlesungen in der Schule, die Möglichkeit zur Vorstellung eines Lieblingsbuchs durch die Schüler, die Bereitstellung eines laufend aktualisierten Buchangebots in der Klassenbücherei oder die Einrichtung freier Lesestunden im Unterricht.

Andrea Bertschi-Kaufmann hat die Methode einer offenen, interessengeleiteten Lese- und Schreibförderung im 3./4. und im 7./8. Schuljahr in einer breit angelegten Studie mit über 900 Kindern im Schweizer Kanton Aargau erprobt (Bertschi-Kaufmann & Schneider, 2006). Für die Arbeit im Klassenverband umfasst das freie *Leseangebot*:

– die Bereitstellung eines laufend aktualisierten Buch- und Medienangebots mit einfachen und anspruchsvollen Texten unterschiedlicher Genres,

– die Einrichtung freier Lesestunden im Unterricht,

– die Einführung von Medientagebüchern zur Dokumentation und Kommentierung individueller Leseerfahrungen.

Indem individuelle Leseerfahrungen mit Kinder- und Jugendliteratur im Unterricht selbst ermöglicht werden, sollen sich die Lesefertigkeiten, quasi beiläufig, mit einer zunehmenden Leseaktivität positiv entwickeln. Besser Lesen lernt man durch mehr Lesen, so die schlichte Hypothese. Es ist noch zu früh, die längerfristigen Effekte dieses Angebots abschätzen zu können. Schon jetzt zeigt sich aber, dass die Lesehäufigkeit und das Leseinteresse durch die beschriebenen Maßnahmen gesteigert werden können, die eigentlichen Lesekompetenzen aber weniger (und wenn, dann nur bei den älteren Schülerinnen und Schülern).

Wenn zutrifft, was die Lesebiografieforschung behauptet (Pieper et al., 2004; Rosebrock, 2003b), dass nämlich das kindliche Genusslesen späteres Gewohnheitslesen bahnt, dann sollte das bedürfnisorientierte Lesen vor allem in den ersten sechs Schuljahren besonders gefördert werden. Das muss sicherlich auch zusätzlich zum herkömmlichen Literaturunterricht durch innovative Vorgehensweisen geschehen. Kreative Textarbeit im Unterricht umfasst beispielsweise die szenische Umsetzung von Texten (Nix, 2006), die Erstellung von Hörspielen oder Hörbüchern sowie den Einsatz weiterer sprach- und handlungsorientierter Methoden.

Beispiel: Leseanimation (aus einer Materialsammlung
des Hessischen Kultusministeriums, 2004)

Auf dem Weg zum Selberlesen kann zunächst einmal das *Vorlesen* hilfreich sein. Lehrerinnen und Lehrer lesen Abschnitte aus Büchern vor, die sie selbst spannend und unterhaltsam finden. Auch Eltern und ältere Geschwister können so zu Lesepaten oder Lesescouts werden (*www.wirlesenvor.de* oder *www.deutschland-liest-vor.de*). Im Unterricht kann die ganzschriftliche Arbeit an einem Buch z.B. als *Stationenlernen* organisiert werden. Die angebotenen Pflicht- und Wahlstationen ermöglichen ein Eingehen auf unterschiedliche Bedürfnisse und Anspruchsniveaus. Mit sogenannten *Lese- oder Bücherkisten* für die frei wählbare Lektüre, die aktuelle Kinder- und Jugendbücher unterschiedlichsten Anspruchsniveaus enthalten, lässt sich in heterogenen Lerngruppen das Selbstlesen fördern. Ein Lesekarton, eine Leserolle oder ein Lesetagebuch können zusätzlich eingesetzt werden, um das Ergebnis der Lektüre zu dokumentieren und zu präsentieren. *Büchertage* und *Lesenächte*, aber auch *Bücherpartys* und *Autorenlesungen* sowie *Lese- und Schreibwettbewerbe* sind anregende Formen der Bibliotheksarbeit für junge Leser. Jungen (Mädchen natürlich auch) kann man durch fächerübergreifende Angebote und Anforderungen gut zum Lesen motivieren, indem man etwa den Wirtschafts- oder den Sportteil einer Tageszeitung benutzt.

Einer Broschüre des Hessischen Kultusministeriums (2004) sind beispielhaft Tipps und Hilfen für die konkrete Unterrichtsgestaltung zu entnehmen (in den für die Leseförderung verantwortlichen Landesinstituten der anderen Bundesländer gibt es mit Sicherheit vergleichbare Handreichungen).

Leseförderung durch *Leseanimation* – dazu gehört auch die rasche Realisierbarkeit von Leseempfehlungen – setzt eine leichte Zugänglichkeit zu Bücherbeständen voraus. Nur jede sechste Schule besitzt allerdings eine Schulbibliothek, die diesen Namen verdient. Mit der vermehrten Einrichtung von Ganztagsschulen wird hier sicherlich zusätzlicher Bedarf entstehen.

Beispiel: Lehrerfortbildung

Das Projekt *Lese- und Sprachförderung* des Hessischen Amts für Lehrerbildung unterstützt Schulen durch ein Beratungsangebot und Lehrerinnen und Lehrer durch Fortbildungsmodule zur Förderung des verstehenden Lesens. Themen solcher Module sind: Lesemotivation, Lesestrategien, Lese- und Sprachförderung bei Kindern mit Migrationshintergrund oder Lesediagnostik. Die Fortbildungsangebote sind in Zusammenarbeit mit Wissenschaftlerinnen aus den Universitäten entwickelt worden.

In den Studienseminaren für Lehrämter in Nordrhein-Westfalen ist der Baustein *Lesekompetenz* verpflichtend im Ausbildungscurriculum verankert. Dabei werden die folgenden Teilkompetenzen für die unterrichtliche Arbeit vermittelt: Textauswahl, Lesemotivation und Leseinteresse, Stilles Lesen, Lesestrategien, Textverständnis überprüfen, Lesekompetenz diagnostizieren.

Lesestrategien. Im Gegensatz zum offenen steht der angeleitete Lese- und Literaturunterricht. Dass der funktionalen Steuerung des eigenen Lesens im Hinblick auf Textart und Lesezweck eine lern- und behaltensförderliche Wirkung zukommt, ist unstrittig. Die Frage ist, ob Methoden der Texterschließung und allgemeine Strategien des Textverstehens mehr oder weniger »automatisch«, durch die Arbeit an den Texten selbst, erworben werden, oder ob es dazu eines systematischen Strategietrainings bedarf. Sie wird in der Deutschdidaktik im Anschluss an PISA durchaus kontrovers diskutiert. Sich dabei an terminologischen Empfindlichkeiten, wie dem »aus dem Kriegsvokabular stammenden Terminus der Strategie« (Spinner, 2004, S. 132) abzuarbeiten, erscheint eher kleinlich. Wichtiger ist die Feststellung, dass eine Vermittlung von Lesestrategien nur dann gelingen kann, wenn ihre funktionale Einbettung in die Textarbeit sichtbar wird. Idealerweise wird das im Rahmen eines integrativen Ansatzes geschehen, indem die »Vermittlung von Lesetechniken bei jeder Textarbeit mitgedacht und begleitend geleistet wird« (Spinner, 2004, S. 136).

Beispiel: Lesestrategien

Texte kompetent erschließen können, setzt die Kenntnis und Anwendung geeigneter Lesestrategien voraus. Für die Arbeit mit Sachtexten haben Senn und Widmer (2005) den Einsatz eines sogenannten *Beobachtungsfächers* (Überblicken, Bearbeiten, Verarbeiten, Überprüfen) vorgeschlagen. Winkler (2005) empfiehlt für literarische Texte das schrittweise-antizipierende Verfahren von *Voraussagetexten*. Solche und andere Vorgehensweisen können durchaus systematisch vermittelt werden. Die *Textdetektive* mit ihren organisierenden und elaborierenden Strategien sind ebenfalls ein Beispiel für ein systematisches Vorgehen. Andere Programme sind vor allem in den USA entwickelt worden. Eines davon, *Reading for Understanding*, ist unter dem Titel *Lesen macht schlau* von Dorothee Gaile ins Deutsche übertragen worden. Am Berliner Max-Planck-Institut für Bildungsforschung ist ein metakognitiv-problemlösend orientiertes *Eltern-Kind-Leseprogramm* entwickelt worden.

Eine systematische Strategieinstruktion erfordert naturgemäß eine stärkere Anleitungskomponente, da sich der kompetente Strategiegebrauch in aller Regel gerade nicht beiläufig und nicht als Nebenprodukt der Textarbeit einstellt. Dass Anleitung dabei nicht frontalunterrichtliches Vermitteln bedeuten kann, liegt auf der Hand. Eine gelungene systematische Strategieförderung verbindet Formen der direkten informierenden Instruktion mit jenen des reziproken Lehrens und des angeleiteten, später selbstständigen Übens.

Strategieorientierter Unterricht ist im Deutschunterricht 5. und 6. Klassen eher selten, auch wenn die ihm eigene Zielsetzung, zum selbstständigen Umgang mit Texten anzuleiten, weitgehend geteilt wird. Natürlich leiten die Lehrerinnen und Lehrer seit jeher zum Zusammenfassen und Wiederholen, zum Ausmalen und Vorhersagen eines Textfortgangs an und sie fordern die Schülerinnen und Schüler auch auf, Textschwierigkeiten und unklare Begriffe zu klären. Nur wird das wirksamer sein, wenn es im Rahmen eines systematischen Förderprogramms geschieht, in dessen Verlauf kognitive Lesestrategien und ihre metakognitive Regulation erklärt, demonstriert und eingeübt werden.

Unterricht ist häufig am Lernergebnis und damit eher am Produkt des Lernens orientiert. Beim strategieorientierten Unterrichten steht hingegen der Prozess des Lernens selbst – in diesem Fall sind das die Methoden des verstehenden Lesens – im Fokus. Schon bei der Vermittlung von Strategien muss deshalb »ihre Funktion ins Bewusstsein gehoben werden« (Spinner, 2006, S. 62). Das kann nur gelingen, wenn die Lehrperson selbst in überzeugender und kompetenter Weise modellhaft für den Einsatz und für die Nützlichkeit von Lesestrategien wirbt und wenn sie den allmählichen Übergang vom lehrergeleiteten Informieren, Vorzeigen und Vormachen zum schülerseitigen Selbstverbalisieren, Nachahmen und Einüben sicherstellt. Als Auf- und Abbau eines »Lerngerüsts« (scaffolding) bezeichnet man diesen instruktionalen Rollenwechsel. Bei der Darstellung der instruktionalen Grundsätze des Textdetektive-Programms wird darauf näher eingegangen.

Beispiel: Kevin kann nicht lesen!

Als ich in die 8., 9. und 10. Klasse kam, wurde das Lesen richtig schwierig für mich, weil ich viel für die Schule zu lesen hatte. Jeden Abend musste ich etwa fünfzehn Seiten eines Biologiebuchs, zehn Seiten eines Englischbuchs und noch einmal fünfzehn Seiten für Geschichte lesen. Das ist enorm viel für mich. Ich fange an zu lesen, lese die erste Zeile, okay, die zweite Zeile, okay, die dritte Zeile, aber danach kann ich mich einfach nicht mehr konzentrieren. Ich lese, aber mein Kopf versucht, mich von dem Buch abzulenken. Es ist total frustrierend. Ich sage zu mir: »Okay, denke nach« und schlage mir selbst ins Gesicht und fange wieder von vorne an. Oder ich frage mich: »Was habe ich da gerade gelesen?«, und habe keine Ahnung. Ich habe vielleicht sechs Seiten gelesen und weiß nicht worüber. (Kevin, 15; aus Schoenbach, Greenleaf, Cziko und Hurwitz, 2006, S. 77)

Oft geht die schulische Leseförderung davon aus, dass die methodischen und lesestrategischen Kompetenzen aus der Textarbeit selbst resultieren. Oder es wird auf Förderkonzepte gesetzt, die vordringlich eine Steigerung der Lesemotivation zum Ziel haben. Vor allem für die schwächeren Leser wird dies allein nicht ausreichen. Ohne die Vermittlung und den Erwerb der notwendigen strategischen Kompetenzen, werden sie wahrscheinlich weder zum genussorientierten noch zum kompetenten Informationslesen vordringen (Rosebrock, 2003a).

Unterrichtstaugliche Materialien und Programme, die die benötigten strategischen Kompetenzen in systematischer Weise vermitteln, sind rar. Wo sie überhaupt vorhanden sind, ist weiterhin sicherzustellen, dass sie mit dem übrigen Unterricht – auch in anderen Fächern – verbunden werden, denn ein isoliertes Trainingsprogramm transferiert nicht (Spinner, 2006). Es fehlt aber nicht nur an den geeigneten Lehrmaterialien, sondern auch an ergänzenden Maßnahmen und Angeboten zur grundständigen und weiterbildenden Qualifikation von Lehrerinnen und Lehrern, die sich der Fördermaterialien bedienen sollen. Die Förderung der Lesekompetenz ist eine fächer- und schulartenübergreifende Gemeinschaftsaufgabe und läuft – wie so viele Gemeinschaftsaufgaben – Gefahr, dass die notwendigen Zuständigkeiten stets beim jeweils anderen gesehen werden. Notwendig ist deshalb, dass sich zwischen der Primar- und der Sekundarstufe sowie zwischen den Unterrichtsfächern in Sachen Leseförderung engere Formen einer abgestimmten Kooperation herausbilden. Schließlich wird in allen Fächern gelesen.

Im folgenden Kapitel wird das neue Unterrichtsprogramm *Wir werden Textdetektive* vorgestellt. Es bietet zur Förderung des verstehenden Lesens durch die Vermittlung von Lesestrategien eine unterrichtspraktische Lösung an. Über die im Unterrichtsprogramm erworbenen und von den Leserinnen und Lesern am eigenen Leseerfolg selbst erlebten Kompetenzen werden mittelbar auch die Lesefreude und die Lesemotivation positiv beeinflusst. Denn nichts motiviert so gut wie der erlebte Erfolg!

6. Die Textdetektive

Worum geht es?

Um ein Programm zur Förderung des verstehenden Lesens durch Lesestrategien. Dem kognitionspsychologisch begründeten Programm liegt das lerntheoretische Paradigma der Selbstregulation zugrunde. Vermittelt werden zwei organisierende, zwei elaborierende und drei metakognitive Lesestrategien, die abschließend in einer als Leseplan bezeichneten Heuristik zusammengefasst werden. Durch die Programmarbeit wird zum systematischen Lesen von Texten angeleitet. Ein zusätzlicher, optional zu verwendender Programmbaustein hat die Förderung der allgemeinen Lern- und Leistungsmotivation zum Ziel, indem realistische Zielsetzungen, motivational günstige Erklärungen für Erfolg und Misserfolg und der Aufbau einer positiven Selbstbewertung eingeübt werden.

Der Amerikaner Scott Paris verwendete in den 1980er Jahren als erster die Metapher vom Textdetektiv, um ein strategisches Lesetraining kindgerecht zu gestalten: Textverstehen als detektivisches Problemlösen (Paris, Cross & Lipson, 1984). Detektivgeschichten sind für Kinder seit jeher interessant – Abbildung 5 zeigt ein »verfremdetes« Buchcover aus den 50er Jahren. Marcus Hasselhorn und Joachim Körkel (1983) und später Stephanie Schreblowski (2004) haben diese Idee aufgegriffen. Andreas Gold, Judith Mokhlesgerami, Katja Rühl, Stephanie Schreblowski und Elmar Souvignier (2004) haben das ursprünglich als Individualtraining angelegte Förderprogramm der Textdetektive für den Einsatz im Klassenzimmer weiterentwickelt und als Materialsammlung für den Schulunterricht publiziert. Ein großformatiges Lehrermanual (112 Seiten) beschreibt 14 ausgearbeitete Lerneinheiten zur Durchführung des Programms. Es enthält auch Folien- und Kopiervorlagen sowie zusätzliche Arbeitsmaterialien. Ein Arbeitsheft für die Schülerinnen und Schüler (48 Seiten) enthält sämtliche Arbeitsmaterialien, Texte und Merkblätter (sowie die Detektivkarten), die während der Programmarbeit benötigt werden. Lehrermanual und Arbeitsheft der Textdetektive sind inzwischen in der 2. bzw. 3. Auflage im Buchhandel erschienen. Im Folgenden wird das Unterrichtsprogramm in seinen Grundzügen vorgestellt.

Abb. 5: Emil und die (Text-)Detektive, nach einem Originaleinband Büchergilde Gutenberg, Frankfurt/M. 1955.

Das Programm vermittelt nur wenige Lesestrategien, und zwar insgesamt sieben. Es hat sich nämlich als sinnvoll erwiesen, lieber wenige Strategien auszuwählen und dafür den gezielten und situationsangemessenen Einsatz dieser Strategien an Texten und Aufgabenanforderungen unterschiedlicher Art intensiv einzuüben. Gute Leser(innen) kennen nicht mehr Strategien als ungeübte, aber sie wissen besser über ihren angemessenen und zielorientierten Einsatz Bescheid. Entscheidend ist also nicht, wie viele Strategien man kennt, sondern dass man weiß, wann welche Strategien einzusetzen sind. Bei der Konzeption des Programms war deshalb ein weiterer Aspekt wichtig: Neben dem lesestrategischen Wissen und Können sollten das metastrategische Wissen über Nutzen und Anwendungsbedingungen von Strategien sowie die prozeduralen metakognitiven Fertigkeiten

70

des Planens, der Überwachung und der Steuerung des eigenen Lesens vermittelt werden.

Welche Strategien? Bezugnehmend auf die Ausführungen zum Textverstehen und zum strategischen Lesen (vgl. Kapitel 1 und 4) werden organisierende, elaborierende und metakognitive Strategien vermittelt. Im Unterrichtsprogramm heißen sie Detektivmethoden (DM). Zwei Elaborationsstrategien sind *Überschrift beachten* (DM 1) und *Bildlich vorstellen* (DM 2), zwei Organisationsstrategien *Wichtiges unterstreichen* (DM 5) und *Wichtiges zusammenfassen* (DM 6). Die metakognitiven Strategien *Verstehen überprüfen* (DM 4) und *Behalten überprüfen* (DM 7) geben zusätzliche Hilfestellungen. Eine Schlüsselrolle bei der Selbstregulation kommt dem *Umgang mit Textschwierigkeiten* (DM 3) zu.

Aufbau des Programms. Das Unterrichtsprogramm ist für Schüler 5. und 6. Klassen konzipiert und umfasst insgesamt 14 Lerneinheiten zu drei inhaltlichen Bausteinen. Die Vermittlung und das Einüben der kognitiven und metakognitiven *Lesestrategien* über die sieben Detektivmethoden ist als Strategie-Baustein der inhaltliche Kern des Programms. Ihm ist ein Baustein zur *kognitiven Selbstregulation* (mit den Mittel-Ziel-Analysen und dem Leseplan) zur Seite gestellt, um zu gewährleisten, dass aus dem deklarativen Strategiewissen auch prozedurale Alltagsroutinen beim Lesen und Bearbeiten von Texten werden. Dem Strategiebaustein vorangestellt ist ein optionaler Baustein zur *motivationalen Selbstregulation*. Er beinhaltet spielerische Übungen, die eine leistungsförderliche Auseinandersetzung mit dem eigenen Zielsetzungsverhalten in Leistungssituationen und mit der Bewertung eigener Leistungen bewirken sollen.

Wie viele Unterrichtsstunden zur Durchführung des gesamten Programms benötigt werden, hängt naturgemäß von den Vorkenntnissen und Fähigkeiten der Schülerinnen und Schüler und von der Organisation des Unterrichts ab. In Gymnasialklassen sind das nach unseren Erfahrungen etwa 20, in Haupt-, Real- und Gesamtschulen 25 bis 30 Stunden. Die nachhaltige Wirksamkeit des Programms lässt sich steigern, wenn die grundlegenden Programmprinzipien auch bei der Textarbeit in anderen Unterrichtsstunden Anwendung finden.

Beispiel: Programmbausteine und Aufbau der Textdetektive
(Gold et al., 2004)

Bausteine	Lerneinheiten	Unterrichtsstunden
Motivationale Selbstregulation	(1) Ringwurfspiel	2
	(2) Buchstabenspiel	3
	(3) Wir werden Textdetektive	1
Kognitive und metakognitive Lesestrategien	(4) Überschrift beachten (DM 1)	1
	(5) Bildlich vorstellen (DM 2)	2
	(6) Umgang mit Textschwierigkeiten (DM 3)	3
	(7) Verstehen überprüfen (DM 4)	2
	(8) Lesespiel	1
	(9) Wichtiges unterstreichen (DM 5)	2
	(10) Wichtiges zusammenfassen (DM 6)	4
	(11) Behalten überprüfen (DM 7)	1
	(12) Lesespiel	1
Kognitive Selbstregulation	(13) Mittel-Ziel-Überlegungen	3
	(14) Leseplan	2

Das Lehrermanual zum Programm ist in 14 Lerneinheiten gegliedert.
Es enthält jeweils auf der rechten einer Doppelseite unter *Ziele, Material, Erarbeitung* und *Wichtige Hinweise* einen detaillierten Leitfaden
zum unterrichtlichen Vorgehen. Auf der linken Seite finden sich unter
Bemerkungen für die Unterrichtenden Hintergrundinformationen zur
jeweiligen Lerneinheit. Links sind auch die jeweils benötigten Materialien aus dem Schülerarbeitsheft in verkleinerter Form abgebildet.

Instruktionale Prinzipien. Die aus kognitionspsychologischer
Sicht wichtigen Strategien für ein Förderprogramm auszuwählen
ist eine Sache, sie im Unterricht angemessen zu vermitteln eine
andere. Wenn das Unterrichtsprogramm zum selbstständigen und
selbstregulativen Einsatz von Lesestrategien führen soll, muss es
sich instruktionaler Prinzipien bedienen, die dies befördern.
Welche sind das?

Das Programm basiert auf den Prinzipien des sogenannten *Informed Strategies Learning*, ist also ein informierendes Förderprogramm. Damit ist gemeint, dass die Lesestrategien explizit vermittelt und eingeübt werden. Eine explizite und klare Vermittlung von Lerninhalten reduziert instruktionale Mehrdeutigkeiten und stellt zugleich klar, welche Strategien warum gelernt werden sollen.

Bemerkungen für die Unterrichtenden - zur Detektivmethode 1

Die DM 1 gehört zur Gruppe der Verstehensstrategien. Sie kommt beim Lesen von Überschriften / Titeln zum Einsatz. Im Alltag wenden wir diese Strategie häufig automatisch an. Die Thematisierung dieser Strategie im Unterricht soll dazu veranlassen, sie bewusst und gezielt einzusetzen. Aufgabe der Schülerinnen und Schüler ist es, sich anhand der Informationen aus der Überschrift zu überlegen, worum es in dem Text geht.

Während und nach dem Lesen sollen die Vermutungen auf ihre Richtigkeit hin überprüft werden. Ziel der DM 1 ist es, das bereichsbezogene Vorwissen zu aktivieren. Die Methode erleichtert so das Verstehen und ermöglicht eine tiefere Durchdringung der Textinhalte.

Wichtig *ist die Unterscheidung zwischen Sachtexten und narrativen Texten, aus der sich unterschiedliche Fragestellungen ergeben.*
Bei Sachtexten soll man sich die Frage stellen: Was weiß ich schon über das Thema?
Bei narrativen Texten soll man sich überlegen: Wovon könnte die Geschichte handeln?

Beispiele

Überschrift: „Die Macht der Winzigkeit"
Wenn jemand sehr klein ist, hat er meistens keine Macht, so haben Kinder z.B. kaum Macht über Erwachsene.
Hier in der Geschichte muss das anders sein, etwas sehr Kleines muss sehr viel Macht haben, muss mächtiger als etwas Größeres sein. Kennt ihr irgendeine Situation, in der jemand Kleines viel mächtiger als jemand Größeres gewesen ist?

Weitere Überschriften zum Üben
Der Piranha;   Die Wüste lebt;   Die Steinzeit;   Die Jagd nach dem grünen Diamanten;
Das Leben der Indianer;   Die Nachtwanderung;   Ein schreckliches Erlebnis;
Als ich zum ersten Mal kochte;   Der Hund – dein Freund und Helfer. ..

Allgemeines zum Merkblatt S. 15
Zur Festigung soll das Wissen über die jeweilige DM in Form eines Merkblattes fixiert werden. Die Methoden können dort zur Erinnerung nachgelesen und nachvollzogen werden.
Das ausgefüllte Merkblatt dient als Erarbeitungsvorschlag. Die Schüler und Schülerinnen finden jedoch auch eigene Formulierungen, die übernommen werden können. Alternativ können Sie mit der Klasse selbst formulierte Regeln zur DM 1 erarbeiten, die Sie auf einem Poster festhalten und im Klassenraum aufhängen.

Ausgefüllte Merkblätter stehen als Folienvorlagen im Anhang, S. 83-89, zur Verfügung.

Arbeitsblatt S. 16

Was fällt mir zu der Überschrift ein?
1. Im Schwimmbad
_____
2. Der Wasserkreislauf
_____
3. Das Mammut
_____

Abb. 6a: Lehrermanual – Anleitung zur Detektivmethode 1 (links)

Die Lehrerinnen und Lehrer führen eine neu zu erlernende Strategie explizit ein und erarbeiten das strategische Vorgehen an geeigneten Beispielen gemeinsam mit den Schülern. Die Lehrperson demonstriert zunächst modellhaft die kompetente Anwendung einer Strategie und verbalisiert die begleitenden Überlegungen.

Detektivmethode 1: Überschrift beachten   27

Ziele	Gemeinsames Erarbeiten und Üben der DM 1
Material	Kärtchen: „Detektivmethode 1" Merkblatt: „Detektivmethode 1", S. 15 📖 Je nach Umsetzung des Merkblattes: Folienvorlage, im Anhang S. 83
Erarbeitung	**Kärtchen „Detektivmethode 1" ansehen** Erarbeiten, was auf der Karte abgebildet ist. **Erklärung** Zuerst lesen wir immer die Überschrift: Wir stoppen, lesen nicht weiter und überlegen, wovon der Text handeln könnte. Oft wendet ihr die Methode automatisch an, z.B. wenn ihr ein Buch kaufen wollt und beim Titel überlegt, was darin steht. Bei schwierigen Texten ist es besonders wichtig, die Methode bewusst einzusetzen. Denn damit regen wir unser Nachdenken an. Das hilft uns, beim Lesen mehr von dem Text zu verstehen, weil wir besser vorbereitet sind. • Bei *Sachtexten* ist es sinnvoll sich zu überlegen, was man über das Thema schon weiß. Wir stellen uns die Frage: Was weiß ich schon darüber? • Bei *Geschichten* fragen wir uns: Wovon könnte die Geschichte handeln?
Üben	**Gedanken zu Beispielüberschriften sammeln** Vorschläge zur Umsetzung: Überschriften an die Tafel schreiben, DM 1 anwenden lassen. Schriftlich in Stillarbeit bearbeiten lassen. Schüler denken sich eigene Überschriften aus, die Klasse überlegt, was für ein Text sich dahinter verbergen könnte. **Besprechen der Überschriften** Darauf hinweisen, dass Überschriften verschieden gut zur Vorbereitung auf einen Text geeignet sind, weil sie unterschiedliche Informationen beinhalten: Zu manchen Überschriften ist euch sehr viel eingefallen, zu anderen weniger. Woran könnte das liegen?
Festigung	**Merkblatt „Detektivmethode 1" gemeinsam ausfüllen**
Wichtige Hinweise	Bei der Besprechung der Überschriften darauf achten, dass Abschweifungen vermieden werden; es soll nur erzählt werden, was man sich auf Grund der Überschrift denken kann.
Weitere Anregungen	Die Kärtchen können vergrößert im Klassenraum aufgehängt und im Laufe des Trainings zu einer Übersicht über alle Methoden zusammengesetzt werden.

Hausaufgabe	Üben der DM 1
Material	Arbeitsblatt: „Was fällt mir zu der Überschrift ein?", S. 16 📖
Wichtige Hinweise	Mit dem Text „Das Mammut" wird in der folgenden Lerneinheit gearbeitet. Die in der Hausaufgabe formulierten Ideen werden anschließend überprüft.

Abb. 6b: Lehrermanual – Anleitung zur Detektivmethode 1 (rechts)

Nach und nach üben sich die Schüler(innen) einzeln und in Gruppen, zunächst angeleitet, später zunehmend selbstständig im Gebrauch der Strategie. Sie erfahren dabei auch, was der Sinn und Nutzen einer neuen Lesestrategie ist und unter welchen Anwendungsbedingungen sie wirksam werden kann. Für jede Detektivmethode gibt es ein Merkkärtchen (Detektivkarte) für die Schülerinnen und Schüler. Es hilft dabei, sie sich immer wieder rasch ins Gedächtnis zu rufen.

Eine wichtige Unterscheidung wird zwischen Verstehens- (DM 1 bis DM 4) und Behaltensstrategien (DM 5 bis DM 7) getroffen. Verstehensmethoden erleichtern das Verstehen eines Textinhalts. Behaltensmethoden helfen dabei, sich einen Textinhalt leichter merken zu können. Zum besseren Verstehen wird ein Text in aller Regel durch Aktivierung des bereits vorhandenen Wissens (elaborativ) angereichert. Um einen Textinhalt leichter zu behalten, wird er üblicherweise vereinfacht und (reduktiv) neu organisiert. Am Ende einer Unterrichtseinheit wird jeweils über die selbst erfahrene Wirksamkeit einer Strategie kritisch nachgedacht: »Hat die Detektivmethode tatsächlich geholfen?« Erst die Einsicht in die Nützlichkeit des strategischen Lesens motiviert zur längerfristigen Übernahme einer Strategie. Zur Ergebnissicherung wird zu jeder Detektivmethode ein Merkblatt gemeinsam ausgefüllt (vgl. Abbildung 6a und b).

Lesestrategien kennen und anwenden, das eigene Lesen planen, überwachen und steuern können, charakterisieren den kognitiven Kern des selbstregulativen Lernens. Es gibt aber jenseits dieser Kompetenzen noch andere Fragen. Warum will oder soll ich einen Text eigentlich lesen? Interessiert mich der Ausgang einer Geschichte? Will ich mir die Argumentationskette einer philosophischen Abhandlung wirklich merken? Möchte ich ein physikalisches Prinzip verstehen oder nur in einem angekündigten Test gut abschneiden? Fragen wie diese betreffen die individuelle Lern- und Lesemotivation. Ein Baustein zur *motivationalen Selbstregulation* ist deshalb dem *Strategiebaustein* vorangestellt. Allerdings geht es dabei weniger um den Aufbau einer spezifischen Lesemotivation und eines Leseinteresses, wie es im dritten Kapitel dieses Buches beschrieben war, sondern um das motivationspsychologische Komplement der *kognitiven Selbstregulation*. Dahinter steht die Auffassung, dass eine erfolgszuversichtliche Leistungseinstellung den Erfolg eines kognitiven Strategietrainings generell begünstigt (Mokhlesgerami, 2004; Schreblowski, 2004).

Programmbaustein I: Motivationale Selbstregulation. Wichtige Kompetenzen der motivationalen Selbstregulation sind die folgenden: sich selbst realistische Ziele setzen, eigene Erfolge und Misserfolge angemessen erklären können und erfolgszuversichtlich an neue Anforderungen herangehen. Wer erlebt, dass die eigene Anstrengung – und damit auch der durchaus aufwendige Einsatz neu erworbener Lesestrategien – zum besseren Textverstehen und so zum (schulischen) Lernerfolg beiträgt, wird weiter am Ball bleiben. Man muss sich allerdings realistische Ziele setzen, die durch eigene Anstrengung tatsächlich erreichbar sind. Motivational günstig sind Ursachenzuschreibungen (Kausalattributionen) eigener Leistungen dann, wenn sie Einflussfaktoren bemühen, die unter Kontrolle des Lernenden selbst stehen. Das ist etwa der Fall, wenn Erfolge auf die eigene Anstrengung oder auf die eigenen Fähigkeiten, Misserfolge hingegen auf mangelnde Anstrengung oder auf widrige Umstände (»Erst hatten wir kein Glück, und dann kam noch Pech dazu«) zurückgeführt werden. Solche Ursachenzuschreibungen für die Ergebnisse eigenen Handelns sind selbstwertdienlich, eröffnen sie doch auch nach einem Misserfolg noch die Perspektive, beim nächsten Mal, durch vermehrte Anstrengung, wieder erfolgreich sein zu können. Man hat es selbst in der Hand! Weniger zweckdienlich ist es, eigene Leistungserfolge auf Glück oder Zufall, eigene Misserfolge hingegen auf mangelnde Fähigkeiten zurückzuführen.

Mit dem *Ringwurfspiel* wird ein Zielsetzungsverhalten eingeübt, das dem eigenen Leistungsvermögen entspricht. Die Aufgabe besteht darin, eine Flasche mit einem Ring zu treffen. Vier bis sechs mit Sand gefüllte Flaschen und 12 bis 18 Wurfringe (z.B. aus Hanf) werden benötigt, dazu ein Kreppklebeband und ein Zollstock zur Markierung unterschiedlicher Abstände (etwa zehn Streifen für Abstände zwischen einem halben und etwa zweieinhalb Meter). Punkten kann man nur bei einem Treffer. Die sind umso leichter zu erzielen, je näher man an der Flasche steht. Wirft man vom ersten Abstandsstreifen (50 cm) aus und trifft, dann gibt es einen Punkt.

Abb. 7: Ringwurfspiel

Trifft man aus der Entfernung des zehnten Abstandsstreifen (250 cm), gibt es dafür zehn Punkte. Aus größerer Entfernung werden die Treffer aber immer unwahrscheinlicher. Im Verlauf des Spiels sollen in mehreren Durchgängen das Finden einer realistischen Zielsetzung und die Angemessenheit unterschiedlicher Erklärungen für Erfolg und Misserfolg erfahren und eingeübt werden. Im anschließenden Unterrichtsgespräch wird über mögliche Gründe gesprochen, warum man nach einem Erfolg zufrieden sein kann. Es wird auch darüber nachgedacht, wodurch Misserfolge entstehen und was man dagegen tun kann. Die Schüler sollen lernen, sich an einer individuellen Bezugsnorm, das heißt an der eigenen Leistungsentwicklung, zu orientieren. Sie sollen sich selbst als Ursache von Erfolg und Misserfolg erleben und dabei erfahren, dass realistische Zielsetzungen sinnvoll sind und dass Anstrengung sich lohnt. Wenn sie scheitern, sollen sie das nicht auf unveränderliche Ursachen, sondern auf beeinflussbare Faktoren wie mangelnde Anstrengung oder eine falsche Technik zurückführen. Beim *Buchstabenspiel* wird ganz ähnlich vorgegangen, nur ist das Spielmaterial ein anderes.

Warum ist die Fähigkeit zur motivationalen Selbstregulation so wichtig? Weil sich ein Programm zur Förderung kognitiver Lesestrategien nicht zuletzt an jene Kinder wendet, die Probleme mit dem verstehenden Lesen haben. Und die sich vor weiteren Misserfolgen beim Lesen mehr fürchten, als dass sie eigene Fortschritte und Erfolge für wahrscheinlich halten. Ihre Lernbereitschaft ist durch die beim bisherigen Lernen erfahrenen Entmutigungen herabgesetzt. Gerade diese Kinder müssen spielerisch wieder an das Lernen in Leistungssituationen und an eine erfolgszuversichtliche Grundeinstellung herangeführt werden. Mit Bedacht werden deshalb beim Ringwurf- und Buchstabenspiel keine Aufgabeninhalte verwendet, die mit dem Textverstehen oder anderen schulischen Anforderungen zu tun haben.

Programmbaustein II: Kognitive und metakognitive Lesestrategien. Den Lesestrategien (DM 1 bis DM 7) vorangestellt ist die Herstellung der kriminalistischen Rahmenhandlung *Wir werden Textdetektive*, um die Parallelität Detektiv-Textdetektiv einzuführen und zu nutzen. So wie sich ein richtiger Detektiv bestimmter Hilfsmittel bedient, um ein Problem zu lösen, so geht auch der Textdetektiv planend und methodisch vor, um einen Text zu verstehen. Die Schüler treffen mit dem Lehrer eine Vereinbarung, eine Ausbildung zum Textdetektiv zu beginnen.

Die ersten vier Detektivmethoden sind sogenannte Verstehensmethoden. Die Lesestrategien *Überschrift beachten* (DM 1) und *Bildlich vorstellen* (DM 2) sind elaborative Strategien, die ein tieferes Verständnis der Inhalte eines Textes ermöglichen sollen. Schon die Textüberschrift enthält in aller Regel Informationen darüber, worum es in einem Text gehen wird. Geübt wird, anhand von Textüberschriften den Inhalt des nachfolgenden Textes zu antizipieren. Das ist deshalb von Vorteil, weil es auf das eigentliche Textlesen vorbereitet. Diese Vorbereitung besteht darin, dass das bereichsbezogene (und bereits vorhandene) Vorwissen aktiviert wird (was weiß ich schon jetzt zum Thema xyz?). Neue Sachverhalte lassen sich umso leichter verstehen, je besser es gelingt, sie an bereits vorhandenes Wissen anzuknüpfen. Während und nach dem Lesen wird dann überprüft, ob die aufgrund der Überschrift angestellten Überlegungen zutreffend waren. Sich etwas bildlich vorstellen hilft insbesondere beim

Verstehen von Erzähltexten (ein Ablauf wie ein Film), kann aber auch bei Sachtexten zu einem tieferen Verstehen führen (sich ein Bild ausmalen). Das bildliche Vorstellen reichert das Gelesene um eigene Phantasien an und erleichtert damit den Aufbau eines Situationsmodells im Sinne von Kintsch. Beim Lesen literarischer Texte wird die Methode von vielen ohnehin automatisch angewandt. Es gibt aber auch Kinder, die nicht wissen, wie man sich etwas bildlich vorstellt.

Abb. 8: Detektivkärtchen DM 1 und DM 2

Selbst geübte Leser stoßen immer wieder auf komplizierte und unverständliche Textstellen, über die sie stolpern. Die metakognitive Lesestrategie *Umgang mit Textschwierigkeiten* (DM 3) verspricht hier Abhilfe. Am wichtigsten ist, dass bei Textschwierigkeiten nicht einfach weitergelesen wird. Stattdessen wird die Problemstelle markiert und es wird folgende Routine empfohlen und eingeübt:

1. Was ist das Problem?
2. Welche Lösungsmöglichkeiten gibt es?
3. Was ist die beste Lösung?
4. Ist das Problem damit gelöst?

Die in Frage stehenden Probleme können sich zum einen auf unbekannte Wörter (wie »Heuristik« oder »Kausalattribution«) beziehen, zum anderen auf inhaltliche Widersprüche oder auf einen fehlenden bzw. nur schwer ersichtlichen Zusammenhang. Gute und weniger gute Lösungsvorschläge für ein Problem werden gemeinsam erarbeitet und bewertet. Entscheidend für DM 3 ist, dass die Unterbrechungsroutine greift.

Beispiel: Das Üben der Detektivmethode 3:
Umgang mit Textschwierigkeiten

Der <u>Pascha</u> von Rhodos, der sich häufig langweilte, ließ eines Tages
in der gleichnamigen Hauptstadt seiner Insel verkünden: »Wer von
meinen Untertanen in der Lage ist, mir eine Geschichte zu erzählen,
die mich davon überzeugt, dass sie eine Lüge ist, der erhält als Preis
eine Kugel aus reinem Gold!« (Textauszug aus *Der beste Lügner*)

1. Was ist das Problem?
   Ich kenne das Wort »Pascha« nicht und weiß nicht,
   was es bedeutet.
2. Welche Lösungsmöglichkeiten gibt es?
   Ich könnte einen Lehrer fragen, andere Kinder oder meine Eltern.
   Ich könnte in einem Lexikon oder bei Google nachschauen.
   Ich könnte einfach weiterlesen und es erstmal nicht beachten.
   Ich könnte darauf warten, ob es später im Text erklärt wird.
   Ich mach' mir so meine Gedanken.
3. Was ist die beste Lösung?
   Es ist keiner da zum Fragen, ich habe kein Lexikon zur Hand und
   der Computer ist kaputt.
   Weiterlesen und nicht beachten ist sicher schlecht,
   weil ich da die Geschichte nicht richtig versteh'.
   Im Text ist von »seiner« Insel und von »seinen« Untertanen die
   Rede und er hat eine »Kugel aus Gold«. Da wird es vermutlich
   ein König oder so was sein. Vielleicht ist »Pascha« der Name
   für einen Herrscher.

4. Ist das Problem damit gelöst?
   Ich muss das später noch einmal überprüfen, aber ich denke mir,
   dass ein »Pascha« jemand Höhergestelltes ist. Davon geh'
   ich erstmal aus.

Mit der nächsten Detektivmethode, der zugleich letzten Verste-
hensmethode, wird Ergebnissicherung betrieben. Wenn die Detektivmethoden 1 bis 3 zielführend eingesetzt wurden, müsste
ein zuvor unbekannter Text nun leichter verstanden werden. Ob
das so ist, prüft Detektivmethode 4: *Verstehen überprüfen* (DM
4). Dabei werden Fragen an einen Text formuliert. Wie schon
beim Klären von Textschwierigkeiten handelt es sich um eine
metakognitive Lesestrategie. Metakognitiv deshalb, weil durch
gezielte Fragen bewusst eine Überwachungsperspektive des

eigenen Lernens eingenommen wird. Erst durch das Überprüfen des eigenen Verstehens lassen sich die Warum- und Weshalb-Fragen eines Textes beantworten und es lässt sich leichter entscheiden, ob ein Text schlüssig ist. Die Verstehensprüfung kann allerdings dazu führen, dass man einen Text nochmals lesen, wo notwendig Text- und Verständnisschwierigkeiten klären und die Lesegeschwindigkeit und -genauigkeit der Textschwierigkeit anpassen muss.

Abb. 9: Detektivkärtchen DM 3 und DM 4

Mit der fünften Detektivmethode beginnen die Behaltensmethoden. Zugleich wechseln wir von den elaborativen zu den organisierenden Lesestrategien. *Wichtiges unterstreichen* (DM 5) und *Wichtiges zusammenfassen* (DM 6) sind zwei organisierende Strategien. Sie zielen darauf ab, Texte auf ihre wesentlichen Aussagen zu reduzieren. Die erste Aufgabe besteht darin, die wesentlichen Informationen eines Textes zu erkennen.

Ein Satz, der wichtig ist, wird unterstrichen und ein Argument, das benötigt wird, um einen Text zu verstehen, wird ebenfalls unterstrichen oder mit einem Textliner markiert. Welche Textstellen wirklich wichtig sind, wird gemeinsam erarbeitet. Es ist nicht immer einfach, Wichtiges von weniger Wichtigem zu unterscheiden. Aufgrund der unterschiedlichen Vorkenntnisse und Leseabsichten wird es auch häufig unterschiedliche Auffassungen darüber geben, was zu unterstreichen ist.

Auch das Zusammenfassen in eigenen Worten dient dazu, einen Text zu reduzieren. Das Unterstreichen und das Zusammenfassen ergänzen einander. Sie bringen den Text in eine Form, die sich leichter einprägen und wiedergeben lässt.

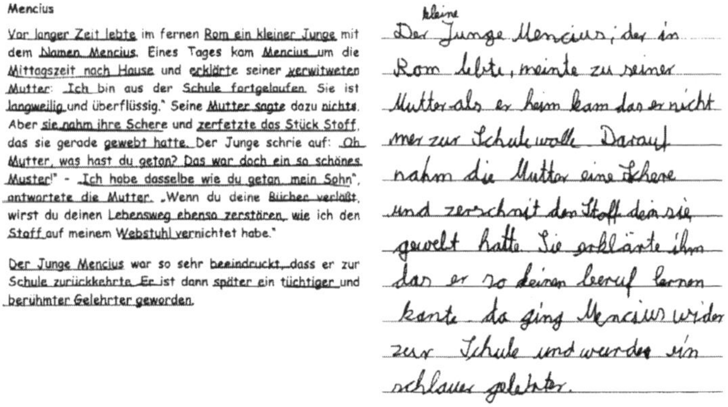

Mencius

Vor langer Zeit lebte im fernen Rom ein kleiner Junge mit dem Namen Mencius. Eines Tages kam Mencius um die Mittagszeit nach Hause und erklärte seiner verwitweten Mutter: Ich bin aus der Schule fortgelaufen. Sie ist langweilig und überflüssig." Seine Mutter sagte dazu nichts. Aber sie nahm ihre Schere und zerfetzte das Stück Stoff, das sie gerade gewebt hatte. Der Junge schrie auf: "Oh Mutter, was hast du getan? Das war doch ein so schönes Muster!" - "Ich habe dasselbe wie du getan, mein Sohn", antwortete die Mutter. "Wenn du deine Bücher verläßt, wirst du deinen Lebensweg ebenso zerstören, wie ich den Stoff auf meinem Webstuhl vernichtet habe."

Der Junge Mencius war so sehr beeindruckt, dass er zur Schule zurückkehrte. Er ist dann später ein tüchtiger und berühmter Gelehrter geworden.

[handschriftlicher Text rechts:]

Der kleine Junge Mencius, der in Rom lebte, meinte zu seiner Mutter als er heim kam das er nicht mer zur Schule wolle. Darauf nahm die Mutter eine Schere und zerschnit den Stoff den sie gewebt hatte. Sie erklärte ihm das er so seinen beruf lernen könte da ging Mencius wider zur Schule und werde ein schlauer gelehrter.

Abb. 10: Wichtiges unterstreichen und Wichtiges zusammenfassen

Jetzt wäre übrigens auch der geeignete Zeitpunkt für den Einsatz einer Wiederholungsstrategie, um das Gelesene dauerhaft behalten zu können. Es versteht sich, dass die reduktiv-organisierenden Strategien vor allem für das Erarbeiten von Sachtexten eine große Bedeutung haben.

Beispiel: Das Üben der Detektivmethode 5: Wichtiges unterstreichen

Woran erkennt man, was in einem Text das Wichtigste ist?

1. Bei einer Geschichte
   Wer macht etwas? Was macht die Person?
   Wo und wann geschieht etwas?
   Warum macht jemand etwas?
   Wie geht die Geschichte aus? Findest du das gut oder schlecht?
2. Bei einem Sachtext
   Um was geht es?
   Wie sieht etwas aus? Wie funktioniert etwas?
   Wann? Wie groß? Wie schnell? Wie viel?
   Warum? Weshalb? Wozu?

Aber auch ein Erzähltext, wenn er mit der Absicht des Behaltens und späteren Wiedergebens gelesen wird, lässt sich durch Unterstreichen und Zusammenfassen leichter behalten. Wird im

Unterricht die Inhaltsangabe eines literarischen Textes gefordert, sind die beiden Detektivmethoden besonders hilfreich.

Abb. 11: Detektivkärtchen DM 5 und DM 6

Mit der letzten Detektivmethode *Behalten überprüfen* (DM 7) wird wiederum die Überwachungsperspektive eingenommen. Sie ist deshalb eine metakognitive Lesestrategie. Es gehört zur Grundidee des selbstregulierten Lernens, dass die Lernenden selbst ihren Lernfortschritt überwachen und dies nicht der Lehrperson überlassen. Bei der Behaltensprüfung wird offengelegt, was gelernt wurde. Das kann insbesondere dadurch geschehen, dass die wichtigsten Textinhalte laut aufgesagt oder einer anderen Person vorgetragen werden. Wie schon bei den beiden anderen metakognitiven Strategien führt auch das Überprüfen des Behaltenen nicht selten dazu, dass Textstellen nochmals gelesen werden müssen.

Abb. 12: Detektivkärtchen DM 7

Programmbaustein III: Kognitive Selbstregulation. Der dritte Programmbaustein fasst die bislang vermittelten Inhalte in einer Handlungsroutine, einer Heuristik, zusammen. Für die Schülerinnen und Schüler ist das der *Leseplan.* Der Leseplan strukturiert den gesamten Leseprozess und die Texterschließung und erinnert zusammenfassend an die neu gelernten sieben Detektivmethoden. Sie werden während des Lesens gebraucht. Vor und nach dem Lesen sind aber auch wichtige Fragen zu stellen. Vor dem Lesen: Wie lautet die Aufgabe? Wie erreiche ich mein Ziel? Und nach dem Lesen: Habe ich mein Ziel erreicht? Wenn nicht, was kann ich dann tun?

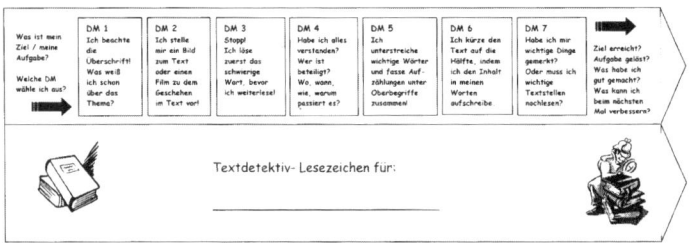

Abb. 13: Textdetektiv-Lesezeichen

Der Leseplan kann zum einen als Lesezeichen ausgeschnitten werden (Kopiervorlage im Manual), zum anderen im Kleinformat oder großflächig als Poster in der Klasse verwendet werden. Es ist sehr wichtig, diese Handlungsroutine als Checkliste vorzugeben, um eine längerfristige Übernahme des neu Gelernten ins Verhaltensrepertoire der Schülerinnen und Schüler zu gewährleisten. Damit das gelingt, muss die Routine selbst kurz und prägnant sein. Dem Leseplan vorangestellt sind sogenannte *Mittel-Ziel-Überlegungen*, wo rückblickend auf die Detektivarbeit Nützlichkeit und Angemessenheit der erlernten Methoden in Abhängigkeit von Leseziel, Aufgabenstellung und Textart diskutiert werden. Es ist wichtig, dass dies geschieht. Denn nicht die Kenntnis der sieben Lesestrategien ist entscheidend, sondern die Fähigkeit, sie angemessen und zielführend einsetzen zu können. Nicht immer ist es sinnvoll, alle sieben Strategien auf einen Text und bei einem gegebenen Leseanlass anzuwenden. Nur wenn die jeweiligen Anwendungsbedingungen gegeben sind und wenn der

84

Nutzen ersichtlich ist, ist der Einsatz einer spezifischen Detektivmethode hilfreich.

Lesespiele. Zwei zusätzliche Unterrichtseinheiten sind vorgesehen, um das Gelernte zu festigen und um den Lernerfolg sichtbar zu machen. Das erste Lesespiel schließt an die Unterrichtseinheiten zu den Verstehensmethoden an, das zweite ist im Anschluss an die Behaltensmethoden vorgesehen. Die Lesespiele sind nicht primär als Tests zur Überprüfung des Lernfortschritts konzipiert. Sie sollen aber den Schülerinnen und Schülern Gelegenheit geben, die erlernten Lesestrategien selbstständig auf einen längeren Test anzuwenden. Natürlich werden die Lehrerinnen und Lehrer aus den Ergebnissen der Lesespiele auch Rückschlüsse darauf ziehen, wie gut es ihnen gelungen ist, die Detektivmethoden zu vermitteln.

Von den Text- zu den Lesedetektiven. Aus den Erfahrungen mit *Wir werden Textdetektive* sind Weiter- und Fortentwicklungen der Unterrichtsmaterialien entstanden. Zum einen ist unter dem Titel *Wir sind Textdetektive* (Trenk-Hinterberger & Souvignier, 2006) eine kurzgefasste Wiederholungseinheit auf anspruchsvollerem Niveau zusammengestellt worden. Alle sieben Detektivmethoden werden dabei in komprimierter Form erneut behandelt. Der unterrichtliche Einsatz der Wiederholungseinheit soll zu einem nachhaltigeren Programmerfolg beitragen (vgl. dazu die in den Kapiteln 7 und 8 berichteten Befunde). Zudem ist unter dem Titel *Wir werden Lesedetektive* (Rühl & Souvignier, 2006) eine im Anspruchsniveau reduzierte Version des Strategieprogramms für leseschwache Schülerinnen und Schüler entwickelt worden. Diese Version wird im 8. Kapitel im Zusammenhang mit den aus den Schulen für Lernhilfe berichteten Erfahrungen ausführlicher dargestellt.

7. Die Wirksamkeit der Textdetektive

Worum geht es?

Um Untersuchungen zur Überprüfung der Wirksamkeit des Unterrichtsprogramms *Wir werden Textdetektive*. In die Untersuchungen waren über 3000 Schülerinnen und Schüler aus etwa 150 Schulklassen einbezogen. Im Ergebnis belegen sie, dass die Vermittlung der Lesestrategien gelungen ist und dass darüber hinaus ein Transfereffekt im Hinblick auf die Lesekompetenz erreicht werden konnte. Die Effekte werden durch die Schulform, an der die Studien durchgeführt wurden, und durch die unterschiedlichen Varianten des Programms näher qualifiziert. Die größten Effekte lassen sich bei Gymnasialschülern und in Schulen für Lernhilfe – dort mit einer speziell für diese Zielgruppe adaptierten Programmversion – erzielen.

Nicht jede pädagogische Maßnahme ist wirksam. Das gilt auch für Maßnahmen und Programme, die sich scheinbar folgerichtig aus einer Theorie oder aus einem Modell – hier der kognitionspsychologischen Auffassung von Textverstehen als Informationsverarbeitung – ableiten lassen. Das Unterrichtsprogramm *Wir werden Textdetektive* soll zum Einsatz von Lesestrategien anleiten und die Lesekompetenz verbessern. So die erklärte Zielsetzung und der erhoffte Effekt. Wie lässt sich das Ausmaß der Zielerreichung beurteilen?

In der empirischen Lehr-Lern-Forschung ist es üblich, die Wirksamkeit einer pädagogischen Maßnahme (zufalls-)kritisch zu prüfen. Dazu bedarf es einer Untersuchungsplanung und einer Untersuchungsdurchführung, die strengen methodischen Gütekriterien genügt. Im Falle der Wirksamkeitsprüfung einer gezielten pädagogischen Intervention – und um nichts weniger geht es bei dem neu entwickelten Unterrichtsprogramm der Textdetektive –, sind die wesentlichen Erfolgskriterien die folgenden:

– Erfassung der kurzfristigen Programmwirksamkeit durch Vorher-Nachher-Messungen,
– Erfassung der nachhaltigen Programmwirksamkeit durch Follow-up-Messungen,
– Erfassung der Breite der Programmwirksamkeit (Transfer).

Zwingend bedarf es dabei des Einbezugs von Kontroll- oder Vergleichsgruppen zur Abschätzung der Größe und der Bedeutsamkeit von Effekten.

Interventionsstudien. Idealerweise würde man nun ein psychologisches Experiment im Labor vorbereiten und die Untersuchungsteilnehmer per Zufall entweder einem Trainer zuweisen, der die Unterrichtseinheiten *Wir werden Textdetektive*, wie im Manual vorgesehen, mit ihnen durchführt oder einem anderen Trainer, der in der gleichen Zeit normalen Deutschunterricht gestaltet. Über Vorher-Nachher-Messungen würde man die Leistungsentwicklungen in den beiden Gruppen feststellen, und, wenn sie differierten, auf die experimentelle Variation zurückführen. Für eine unterrichtsnahe Lehr-Lernforschung, die sich mit der Wirksamkeit pädagogischer Maßnahmen im Unterricht selbst beschäftigt, macht das wenig Sinn. Laborexperimentelle Studien zur Wirksamkeit kognitiver Lernstrategien gibt es nämlich genug. Die entscheidende Frage ist, wie gut sich eine kognitionspsychologisch begründete Fördermaßnahme in der Unterrichtspraxis bewährt.

An Stelle des Laborexperiments tritt daher die *Interventionsstudie* im Klassenzimmer. Von einer Intervention spricht man deshalb, weil eine neuartige Bedingung, hier das Unterrichtsprogramm der Textdetektive, bewusst ›gesetzt‹ wird und weil anschließend geprüft wird, welche Effekte diese Setzung nach sich zieht. Das unterscheidet die Interventionsstudie von der Felduntersuchung, die nur registriert, was im »pädagogischen Feld« ohnehin geschieht und in welcher die beobachteten Effekte (korrelativ) auf dieses Geschehen rückbezogen werden. Die Interventionsstudie ist demgegenüber eher ein *Feldexperiment*. Das Feldexperiment ist »realitätsnäher«, aber auch »schmutziger« als das Laborexperiment, weil sich nicht alle potenziellen Einflussgrößen, wie im Labor, kontrollieren lassen. Dafür wird man die

Befunde einer Interventionsstudie aber sehr viel leichter wieder auf die Unterrichtspraxis und auf die Schulwirklichkeit rückbeziehen können. Der Verlust an methodischer Präzision schlägt sich allerdings in einer erhöhten Unsicherheit hinsichtlich der postulierten Wirkmechanismen nieder. Wo sich die Unterschiede zwischen den Experimental- und Kontrollgruppen im Labor – bei sonst gleichen Bedingungen – ganz eindeutig auf die unterschiedliche Behandlung (das Treatment) zurückführen lassen, da sind für die Unterschiede zwischen den Trainings- und den Kontrollklassen im Feldexperiment möglicherweise auch noch andere, nicht trainingsimmanente Wirkfaktoren ursächlich.

Beispiel: Effektstärke

Von einer Programmwirksamkeit kann man erst sprechen, wenn sich die Leistungswerte in einem zuvor festgelegten Kriterium durch das Programm verbessert haben. Die Verbesserung muss allerdings statistisch bedeutsam, d.h. signifikant ausfallen und sie sollte möglichst dauerhaft sein. Sie darf nicht zufällig zustande gekommen sein. Die statistische Signifikanz einer Vorher-Nachher-Differenz oder eines Vergleichs des Ausmaßes von Veränderungen zwischen einer Trainings- und einer Kontrollgruppe hängt unter anderem von der Variabilität der Messwerte innerhalb der Gruppen und von der Stichprobengröße ab.

Ob eine statistisch signifikante Verbesserung auch praktisch bedeutsam ist, beschreibt die standardisierte Mittelwertsdifferenz d als Distanzmaß der Effektstärke. Die Effektstärke d relativiert eine Mittelwertsdifferenz auf die Variabilität aller Messwerte. Die Effektstärke drückt aus, wie stark sich die geförderten Klassen im Vergleich mit den Kontrollklassen verbessert haben. Eine Effektstärke von $d = 1.0$ besagt, dass ein Trainings- oder Unterrichtsprogramm zu einer Leistungsverbesserung um eine Standardabweichung geführt hat. In der Trainingsforschung gelten Effektstärken von $d = 0.5$ als mittelgroße Effekte, in der Unterrichtsforschung werden schon Effekte von $d = 0.3$ als praktisch bedeutsam eingeschätzt.

Die nachfolgend beschriebenenen Evaluationsstudien sind keine klassischen Trainingsstudien. Vielmehr wurden die Effekte eines besonderen Unterrichtsprogramms (*Textdetektive*) mit der Wirksamkeit herkömmlichen Unterrichts verglichen. Dass auch interventionsgebundene Faktoren der Programm*wirksamkeit*, die nichts mit den Inhalten eines Programms zu tun haben, dabei eine Rolle spielen mögen, ist hinzunehmen. Dazu zählen die Besonderheit der sozialen Interaktion, die erhöhte Zuwendung, sowie die Attraktivität und die Neuigkeit einer Maßnahme. Sie sind, soweit abschätzbar, bei der Interpretation der Effektstärken zu bedenken. Auf der anderen Seite ist davon auszugehen, dass auch im herkömmlichen Deutschunterricht in nur schwer kontrollierbarer Weise allgemeine und besondere Maßnahmen der Leseförderung, die den Programmzielen ähnliche Absichten verfolgen, Anwendung finden.

All dies ist bei der Beurteilung einer möglichen Programmwirksamkeit zu bedenken. Aber auch die *Nichtwirksamkeit* eines Programms lässt sich kritisch hinterfragen: Lag es an den Programminhalten? Sind die falschen Strategien vermittelt worden? Hätte man mehr erklären und weniger üben sollen? Oder doppelt so viele Unterrichtseinheiten konzipieren? Haben die Lehrer das Programm nicht richtig durchgeführt? Oder liegt es doch an den Schülerinnen und Schülern, die sich nicht genügend angestrengt haben?

Empirische Untersuchungen zur Programmwirksamkeit. In einer für den unterrichtsadditiven Einsatz in Kleingruppen konzipierten Fassung (drei Kinder pro Gruppe) wurde ein Strategietraining von Stephanie Schreblowski im Schuljahr 1999/2000 mit 45 Kindern der Orientierungsstufe einer Göttinger Schule durchgeführt. Alle anderen Studien wurden im Rahmen des Deutschunterrichts in fünften und sechsten Klassen aller Schularten im Großraum Frankfurt durchgeführt, und zwar mit dem für den Einsatz in Schulklassen adaptierten Unterrichtsprogramm. Die Untersuchungen erstreckten sich über die Schuljahre 2000/2001 bis 2004/2005. Über die Ergebnisse dieser Studien ist in wissenschaftlichen Vorträgen, Zeitschriftenartikeln und in Monographien ausführlich berichtet worden (die bibliographischen Angaben zu diesen Arbeiten finden sich im Anhang). Hier wird eine zusammenfassende Darstellung jener Befunde vorgenommen, die für eine Abschätzung des praktischen Nutzens bedeutsam scheinen. Aus Gründen der besseren Lesbarkeit wird auf Besonderheiten der jeweiligen Studien nicht im Detail eingegangen. Es werden auch nicht die statistischen Verfahren beschrieben, die zur Wirksamkeitsprüfung eingesetzt wurden. Berichtet werden allein die zusammengefassten Effektstärken, also die mittleren (relativierten) Effekte im Vergleich zu den Kontrollgruppen.

Stichproben. In die hier berichteten Untersuchungen zur Programmwirksamkeit waren insgesamt etwa 3.000 Schülerinnen und Schüler aus fast 150 Schulklassen in mehr als 30 Schulen einbezogen. In der Abfolge der Untersuchungen lassen sich mehrere Zyklen oder Phasen der Bewährungsprüfung voneinander unterscheiden. In diesen Phasen wurden unterschiedliche Programmbausteine oder Maßnahmen erprobt und variiert, um die Programmwirksamkeit zu optimieren. In einer *ersten Phase* ging es vornehmlich um die sogenannte formative Evaluation des Unterrichtsprogramms, bei der die unterrichtspraktische Umsetzbarkeit der Modellinhalte, die Nützlichkeit einzelner Programmbausteine und die Brauchbarkeit der zur Abschätzung der Programmwirksamkeit eingesetzten Testverfahren erprobt wurden. An ihrem Ende stand der Nachweis einer grundsätzlichen Programmwirksamkeit. Knapp 1.200 Schülerinnen und Schüler aus 20 Gymnasial- und 28 Haupt-, Real- und Gesamtschulklassen der 5. und 6. Klassenstufe waren an den Untersuchungen des ersten Evaluationszyklus beteiligt.

In der *zweiten Phase* ging es zum einen um eine neuerliche Überprüfung der Ergebnisse in weiteren Stichproben von Haupt-, Real- und Gesamtschülern, denn für sie waren die Programmeffekte in den ersten Studien vergleichsweise geringer ausgefallen. Es wurde deshalb der Frage nachgegangen, warum nicht alle Schüler in gleicher Weise von dem Unterrichtsprogramm profitierten. Fast 600 Schülerinnen und Schüler aus 24 Klassen wurden dazu untersucht. In der zweiten Phase wurde auch an einer Optimierung des Programms für die gymnasiale Zielgruppe gearbeitet, indem die Wirksamkeit zusätzlicher Wiederholungsstunden überprüft wurde (fast 800 Kinder in 27 Klassen).

In der *dritten Phase* der Programmevaluation wurde schließlich geprüft, wie gut sich eine besondere Programmversion, die für den Einsatz in Lernhilfeschulen entwickelt wurde, in der Praxis bewähren konnte. Vierzig Klassen aus Schulen für Lernhilfe (teilweise auch integrativ unterrichtete Klassen) mit fast

400 Schülerinnen und Schülern nahmen teil und wurden dafür untersucht.

In den Untersuchungen aller drei Evaluationszyklen wurde eine Untersuchungsanlage realisiert, die den Einbezug von Vergleichsgruppen, eine Vorher-Nachher-Messung und die Erhebung unterschiedlicher Kriteriumsmaße zur Erfassung des Strategiewissens und des Leseverständnisses vorsah. In der Regel wurde neben den Vorher-Nachher-Messungen zusätzlich eine Follow-up-Messung nach einem weiteren halben Jahr vorgenommen, um die Nachhaltigkeit von Effekten zu überprüfen. Durch Unterrichtsbeobachtungen und durch die Auswertung von Lehrertagebüchern wurden zusätzlich Informationen zur Angemessenheit der Programmdurchführung gewonnen.

Kriterien der Programmwirksamkeit. Das Unterrichtsprogramm hat die Vermittlung von Lesestrategien zum Ziel. Zentrales Kriterium der Programmwirksamkeit ist demnach, ob dies gelingt. Es wurden drei Testverfahren eingesetzt, um das Wissen über *Lesestrategien* (LS) zu erfassen. Das erste Testverfahren (LS-M) erfragt das metakognitive Wissen über Lesestrategien. Das zweite (LS-V) zielt auf ein »tieferes« Verstehen der Wirkungsweise und des Nutzens von Lesestrategien und das dritte Testverfahren zur Anwendung von Lesestrategien (LS-A) soll prüfen, ob gute Lösungsvorschläge für eine lesebezogene Problemsituation gemacht werden können.

Beispiel: Lesestrategien (LS)

Das Testverfahren zum *metakognitiven Wissen über Lesestrategien* (LS-M) umfasst fünf Aufgabenstellungen mit Musterantworten zum strategischen Lesen. Die angebotenen Antworten sind hinsichtlich ihrer Angemessenheit zu benoten.

Ein Beispiel: Wie gut helfen die unten aufgelisteten Methoden bei der Aufgabe, den Inhalt des Textes zu verstehen und ihn zu behalten?
– sich auf die leicht verständlichen Stellen konzentrieren,
– sich immer wieder fragen, ob man alles verstanden hat,
– das Gelesene in eigenen Worten zusammenfassen,
– den Text so oft wie möglich durchlesen,
– zuerst von jedem Absatz den ersten Satz lesen.

Das Testverfahren zum *Verständnis von Lesestrategien* (LS-V) umfasst zehn Mehrfachwahlaufgaben zur Wirkungsweise und zum Nutzen der Lesestrategien.

Ein Beispiel: Woran erkennst du eine gute Zusammenfassung?
– Die Zusammenfassung ist nur halb so lang wie der Text.
– Jemand der den Text nicht kennt, muss nur die Zusammenfassung lesen und hat dann alle wichtigen Informationen.
– Jemand der den Text nicht kennt, soll die wichtigsten Stellen möglichst wörtlich nachlesen können.

Das Testverfahren zur *Anwendung von Lesestrategien* (LS-A) beschreibt drei Problemsituationen beim Umgang mit Texten. Die Schüler sollen im freien Antwortformat Lösungsvorschläge machen.

Ein Problembeispiel:
Marion hat in der Schule einen Text bekommen, in dem erklärt wird, wie ein Gewitter entsteht. Der Text ist nicht schwierig, aber Marion soll ihn zu Hause so bearbeiten, dass sie am nächsten Tag der Klasse den Inhalt erzählen kann. Bei dem Referat darf sie keine Notizen benutzen, sondern muss frei sprechen. Beschreibe der Reihe nach, was Marion tun könnte, um am nächsten Tag ein gutes Referat zu halten, also den Inhalt des Textes frei erzählen zu können.

Für den Einsatz in Lernhilfeschulen wurde ein eigenes Testverfahren konzipiert.

Der weiter reichende Anspruch des Unterrichtsprogramms liegt auf der Hand: Nicht nur das Wissen über Lesestrategien sollte sich verbessern, sondern auch das Textverstehen selbst, d.h. das *Leseverständnis* (LV). Als Kriterium hierfür kommt nur ein Leseverständnistest in Frage, bei aller Problematik, die das bekanntermaßen mit sich bringt. Die Problematik – man weiß das aus vielen anderen Untersuchungen – besteht vor allem darin, dass die für die 5. und 6. Klassenstufe vorhandenen Leseverständnistests in aller Regel wenig geeignet, weil zu kurz und zu einfach sind. Vor allem aber lassen sich die Testaufgaben meist ohne Rückgriff auf die neu erlernten Lesestrategien bewältigen. Zur Erfassung des Leseverständnisses wurde in der ersten Untersuchungsphase dennoch ein Untertest aus dem standardisierten Diagnostischen Test Deutsch (DTD) verwendet, in der zweiten und dritten Untersuchungsphase wurden auch mittlerweile eigens neu konstruierte Tests eingesetzt.

Beispiel: Leseverständnis (LV)

Zur Erfassung des Leseverständnisses wurde ein neues Testverfahren konstruiert (Trenk-Hinterberger, 2006). Es besteht aus drei parallelen Testversionen mit jeweils einem Sach- und einem Erzähltext, mit jeweils etwa 600 Wörtern Länge. Pro Text sind 17 Verstehensfragen im Mehrfachwahlverfahren zu beantworten, wobei acht dieser Fragen auf die textimmanenten Verstehensleistungen zielen und neun auf die wissensbasierten. Für die Bearbeitung eines Texts und zur Beantwortung der Fragen bleiben 15 Minuten Zeit – während dieser Zeit liegt der Text den Schülern vor.

Das neue Testverfahren erlaubt eine differenzierte Erfassung des Leseverständnisses, indem, ähnlich wie bei den PISA- oder IGLU-Aufgaben, zwischen textimmanenten und wissensbasierten Verständnisleistungen unterschieden wird. Die *textimmanenten Verständnisleistungen* umfassen das Erkennen von Einzelinformationen eines Sachtextes oder einer Geschichte (Beispiel: Wie sieht der Mann in der Geschichte aus? Der Mann hat einen Bart und eine Glatze.) und das ›einfache‹ Schlussfolgern (Beispiel: Warum bringt der Mann Kaugummis mit? Um dem Jungen eine Freude zu machen.).

Wissensbasierte Verständnisleistungen beinhalten das ›komplexe‹ Schlussfolgern unter Rückgriff auf das eigene Vorwissen (Beispiel: Woran erkennst du, dass die Geschichte in einem fernen Land spielt? An den Palmen.) sowie die Reflexion und Bewertung der Textinhalte (Beispiel: Welche Überschrift passt auch zu der Geschichte? Eine besondere Freundschaft.).

Effektstärken. Nun aber zu den Effekten des Unterrichtsprogramms: Die Vorher-Nachher-Vergleiche belegen, dass die Textdetektive das Wissen über Lesestrategien (LS) verbessern. Das heißt, dass der Lernzuwachs in den trainierten Klassen größer ist als der Lernzuwachs in den Kontrollklassen. Das zeigt sich über alle Studien hinweg und für alle drei eingesetzten Testverfahren. Im Anhang sind für die wichtigsten Untersuchungen aus den drei Evaluationszyklen die jeweiligen d-Werte für die unterschiedlichen Kriteriumsmaße im Detail dargestellt. In der nachfolgenden Übersicht sind diese Effekte in aggregierter Form zusammengefasst.

Das Ausmaß der durch das Programm erzielten Verbesserung liegt – stets im Vergleich zu den nicht trainierten Kontrollgruppen – im Mittel bei etwa einer halben Standardabweichung (d = .49). Das ist ein mittelgroßer Effekt. Um einen Vergleich mit möglichen Leistungssteigerungen in einem der gebräuchlichen IQ-Tests zu ziehen: Ein ähnlich wirksames Intelligenztraining würde eine Leistungssteigerung von einem IQ-Wert von 100 Punkten auf einen Wert von 108 Punkten erwarten lassen.

Beispiel: Effekte des Unterrichtsprogramms
Wir werden Textdetektive (d-Werte)

	Lesestrategien (LS)		Leseverständnis (LV)	
	Nachher	Follow-up	Nachher	Follow-up
Gesamt	.49	.33	.17	.25
Gymnasium	.44	.37	.16	.34
Haupt-, Real-, Gesamtschule	.38	.24	.03	.03
Lernhilfe-schule*	.74	.59	.33	.44

*Anstelle der *Textdetektive* wurden die *Lesedetektive* eingesetzt.

In den Lernhilfeschulen sind die Effekte größer – in diesen Schulen wurde mit der neu konzipierten Programmversion *Wir werden Lesedetektive* gearbeitet. Dort und in der Gymnasialstichprobe sind die Effekte auch nachhaltiger, denn sie sind ein halbes Jahr nach Abschluss der Fördermaßnahme (Follow-up) noch nachzuweisen und mit Effektgrößen, die über d = .30 liegen, auch praktisch bedeutsam.

Der Transfereffekt auf das Leseverständnis (LV), wie es in den Testverfahren zum Textverstehen gemessen wird, ist deutlich geringer als der Effekt auf die Lesestrategien. Im Mittel liegt er nur bei einer Effektstärke von d = .17 (im Follow-up-Test bei d = .25), wobei es in zwei von sechs Studien überhaupt keine signifikanten Effekte gibt (vgl. Anhang). Vor allem bei den Klassen in den Haupt-, Real- und Gesamtschulen ist kein Transfer nachzuweisen. Wenn aber ein Effekt vorhanden ist, ist er meist auch nachhaltig, bleibt also bis zur Follow-up-Messung am Ende des Schuljahres bestehen.

Die Ergebnisse sind insgesamt ermutigend. Sie belegen, dass die Vermittlung von Lesestrategien im Unterricht gelingt. Wo das nicht der Fall war, lassen sich mögliche Gründe angeben (Rühl, 2006). Dem Hinweis, dass die Adaptation der Programminhalte und -schwierigkeiten an die Lernvoraussetzungen und den Leistungsstand der Haupt-, Real- und Gesamtschüler nicht immer hinreichend gelang (Mokhlesgerami, Souvignier & Gentsch, 2006), wurde für die veröffentlichten Programmversionen durch eine Anpassung des Schwierigkeitsniveaus und durch Diversifizierung der Unterrichtsmaterialien Rechnung getragen.

Es gibt deutliche Belege dafür, dass zusätzliche Wiederholungsstunden (Auffrischungen) die Programmwirksamkeit erhöhen können. In zehn Gymnasialklassen wurde jeweils im zweiten Schulhalbjahr die zusätzliche Wiederholungseinheit *Wir sind Textdetektive* (Trenk-Hinterberger & Souvignier, 2006) im Umfang von etwa sechs Unterrichtsstunden durchgeführt. Thematisch wurden dabei alle sieben Detektivmethoden erneut behandelt und anhand neuer Texte wiederum geübt. Damit wurden zwei Ziele verfolgt: Zum einen sollte eine längerfristige und nachhaltige Übernahme der strategischen Prinzipien in die unterrichtliche Arbeit gesichert werden und zum anderen sollte eine Wiederauffrischung und Festigung der Lesestrategien durch erneutes Lernen erreicht werden. Im Ergebnis waren die Wiederholungsstunden für die Schüler effektiv und bewirkten eine nachhaltigere Sicherung des Programmerfolgs (Trenk-Hinterberger, 2006).

Dass sich das strategische Lesen nicht immer unmittelbar in einem verbesserten Textverstehen niederschlägt, steht im Einklang mit vielen anderen Befunden aus der Trainingsforschung. Auf die Problematik der Kriteriumsmessung wurde bereits verwiesen – ein tieferes Textverstehen wird durch die herkömmlichen Testverfahren meist nicht erfasst. Weitere denkbare Erklärungen für den ausbleibenden Lerntransfer lassen sich anführen: Zum einen führt jedes Programm zur Förderung kognitiver Strategien bei den Adressaten der Maßnahme zunächst einmal zu einer Phase der kognitiven Verunsicherung, die sich nicht unmittelbar leistungsförderlich auswirkt. Zwar ist im Anschluss an das Training durchaus die Bereitschaft vorhanden, die »alten« Strategien durch die neuen zu ersetzen. Die neu erworbenen Strategien sind aber noch nicht so weit gefestigt und automatisiert verfügbar, dass sie routiniert eingesetzt werden könnten. Auf diese Phase der vorübergehenden Ineffizienz, die sich für nahezu alle Bereiche der Strategieentwicklung nachweisen lässt, folgt erst allmählich eine Stufe erhöhter Kompetenz (vgl. dazu Hasselhorn & Gold, 2006). Möglicherweise kommt also die Nachher-Messung zu früh, um den Lerneffekt zu erfassen. Zum anderen ist das strategische Lesen nur eine von mehreren Determinanten der Lesekompetenz und des Textverstehens. Ebenfalls wichtig sind die allgemeine Intelligenz, der Wortschatz und die Lesegeschwindigkeit sowie das Leseinteresse und das Selbstwirksamkeitserleben, Merkmale mithin, die durch das Förderprogramm gar nicht oder allenfalls indirekt, z.B. über ein verbessertes Kompetenzerleben beeinflusst werden können.

Nachhaltigkeit der Effekte. Die Follow-up-Effekte sind zwar insgesamt niedrig, hinsichtlich des Leseverständnisses aber meist etwas höher als die Effekte bei den Vorher-Nachher-Vergleichen. Das ist unter Anwendungsgesichtspunkten ein positives Zeichen. Denn nachhaltig und dauerhaft können Effekte einer pädagogischen Intervention nur sein, wenn die der Maßnahme zugrunde liegenden Prinzipien, wiederholt und konsequent, Eingang in den normalen Unterrichtsablauf und in das Verhaltensrepertoire der Lehrerinnen und Lehrer gefunden haben. Nur dann können die Follow-up-Effekte größer ausfallen, als die Effekte im unmittelbaren Anschluss an die Fördermaßnahme.

8. Die Textdetektive in der Unterrichtspraxis

Worum geht es?

Um die Art der Durchführung und um die Beurteilung des Programms durch die Lehrerinnen und Lehrer. Dass der Qualität der Programmdurchführung und damit den Lehrenden selbst ein wichtiger Anteil an den Lernerfolgen der Kinder zukommt, zeigen Befragungen und systematische Unterrichtsbeobachtungen. Die Lehrerinnen und Lehrer sind aber auch in der Lage, die Programmwirksamkeit kompetent zu beurteilen, da sie die Leistungsentwicklung der Kinder über einen längeren Zeitraum verfolgen können. Ihre Beurteilungen fallen positiv aus: Nahezu alle Befragten wollen das gesamte Unterrichtsprogramm oder wesentliche Teile davon erneut einsetzen.

Im vorangegangenen Abschnitt war berichtet worden, inwieweit sich das Erreichen der Programmziele in den Leistungsergebnissen der Schülerinnen und Schüler widerspiegelt. Die eigentlichen Experten und die zugleich kritischsten Beurteiler eines neu entwickelten Unterrichtsprogramms sind aber sicherlich die Lehrerinnen und Lehrer selbst. Umfassender als ein Testverfahren können sie einschätzen, ob sich das strategische Lesen und die Lesekompetenz ihrer Schüler tatsächlich verbessert haben. Durch die Art und Weise, wie sie das Unterrichtsprogramm umgesetzt haben, hatten die Lehrenden zudem den wichtigsten Anteil am Zustandekommen des Programmerfolgs.

Programmdurchführung. Souvignier und Mokhlesgerami (2005) berichten nach systematischen Unterrichtsbeobachtungen in 16 Klassen, dass allgemeine Merkmale der Unterrichtsführung den Lernerfolg mit beeinflussten. Vor allem die Strukturiertheit des Unterrichts und die Motivierungsqualität des Lehrerhandelns sind positiv mit dem Erwerb neuen Lesestrategiewissens assoziiert. Nicht entscheidend scheinen hingegen die Ausgestaltungen der programmnäheren Faktoren, wie der inhaltlichen Übereinstimmung des Lehrerhandelns mit den ausgearbeiteten Stundenentwürfen und der Flexibilität der Programmdurchführung, zu sein. Allerdings unterschieden sich die Lehrerinnen und Lehrer hinsichtlich dieser Faktoren auch nur wenig voneinander.

Dass in fünf von 23 Klassen einer weiteren Studie das Unterrichtsprogramm vorzeitig beendet wurde, schildern Mokhlesgerami, Souvignier und Gentsch (2006). Die Gründe dafür lagen in der mangelnden Passung der Übungsmaterialien für die besonderen Bedürfnisse der leistungsschwächeren Schüler in den Haupt-, Real- und Gesamtschulen, aber auch in der fehlenden Bereitschaft der Lehrenden, sich die Prinzipien eines explizit strategieorientierten Unterrichtens tatsächlich zu eigen zu machen. Den Lehrerinnen und Lehrern fiel es schwer, sich – wo notwendig – von der Unterrichtsvorlage zu lösen, um die notwendige Anpassung an das Leistungsniveau ihrer Klassen zu gewährleisten.

Lehrerurteile. Was sagen die Lehrerinnen und Lehrer? Judith Mokhlesgerami (2004) hat im Anschluss an die Programmdurchführung 16 Lehrerinnen und Lehrer gefragt, was sie von dem Programm halten. Alle geben an, dass es ihnen selbst und den Kindern Spaß gemacht habe und dass sie Elemente des Programms künftig in ihren Deutschunterricht übernehmen werden. Auch in der Nachbefragung von Katja Rühl (2006) war die Akzeptanz hoch. Nur zwei von 14 Befragten hat das Unterrichten der Detektivmethoden keinen Spaß gemacht. Isabel Trenk-Hinterberger (2006) konnte 22 Lehrerinnen und Lehrer im Anschluss an die Programmdurchführung befragen – wiederum nur zwei von ihnen verneinten den ›Spaßfaktor‹. Alle anderen waren ohne Einschränkung von den Textdetektiven überzeugt. Wichtiger noch: Alle Lehrenden berichten von einer aktiven Mitarbeit der Schülerinnen und Schüler und alle sind der Auffassung, dass das Programm einen sichereren Umgang mit Texten bewirkt hat. Auch sechs Monate nach der Durchführung des Unterrichtsprogramms schätzen sie das noch so ein und immerhin zwei Drittel der Befragten geben an, dass die meisten Kinder die vermittelten Lesestrategien überdauernd in ihr Verhaltensrepertoire aufgenommen hätten. Trenk-Hinterberger (2006) hat auch danach gefragt, welche der Detektivmethoden besonders hilfreich und welche besonders schwer zu vermitteln waren.

Beispiel: Hilfreiche und schwer zu vermittelnde Detektivmethoden
(Lehrerangaben in Prozent der Nennungen)

	besonders hilfreich	besonders schwer zu vermitteln
Überschrift beachten	18%	–
Bildlich vorstellen	18%	–
Umgang mit Textschwierigkeiten	41%	13%
Verstehen überprüfen	24%	13%
Wichtiges unterstreichen	71%	50%
Wichtiges zusammenfassen	47%	50%
Behalten überprüfen	24%	19%

Auffällig ist, dass die beiden als besonders hilfreich eingeschätzten reduktiv-organisierenden Lesestrategien *Wichtiges unterstreichen* und *Wichtiges zusammenfassen* hinsichtlich ihrer Vermittelbarkeit im Unterricht als besonders schwierig bezeichnet werden. Aus den ergänzenden Kommentaren der Lehrerinnen und Lehrer geht hervor, dass dies weniger an der Qualität der vorbereiteten Unterrichtsmaterialien zu liegen scheint als vielmehr am Anspruchsniveau der geforderten Fertigkeiten. Das Zusammenfassen eines Textabschnitts in eigenen Worten komme einer Inhaltsangabe gleich und dies sei eigentlich erst als Lehrstoff in der 7. Klasse vorgesehen.

Beispiel: Was bringt das Programm?

In der Konzeption stringent durchdacht und motivierend. Als Lehrgang durch die Kombination von Strategiewissen und Praxis sehr wirkungsvoll. Nachhaltig dadurch, dass die Verstehens- und Behaltensmethoden für jede weitere Arbeit mit Texten nutzbar gemacht werden können (Lehrerin, Gymnasium)

Bemerkenswert auch, dass zwei der drei metakognitiven Strategien – *Verstehen überprüfen* und *Behalten überprüfen* – von den Lehrern hinsichtlich ihrer Nützlichkeit zurückhaltend kommentiert werden. Den Beobachtungen der Lehrer zufolge werden diese beiden Detektivmethoden nach Beendigung des Unterrichtsprogramms von den Schülern auch nicht mehr eingesetzt – es sei denn, man erinnert sie daran.

An einer ausführlichen schriftlichen Nachbefragung haben sich 52 Lehrerinnen und Lehrer beteiligt, teilweise auch jene, die sich schon direkt im Anschluss an die Programmdurchführung geäußert hatten. Die Hälfte von ihnen hat das Unterrichtsprogramm mittlerweile schon ein zweites oder drittes Mal durchgeführt. Neun von zehn Lehrern halten das Programm für sinnvoll und glauben, dass die Schüler langfristig davon profitiert haben. Das ist ein hohes Maß an Zustimmung, selbst wenn man in Rechnung stellt, dass sich nicht alle an der Nachbefragung beteiligt haben. Die Zustimmung ist bei den Gymnasiallehrern am höchsten – mit einer Ausnahme haben sie alle den Eindruck, dass die Schüler langfristig von dem Programm profitiert haben. Es ist auffällig, dass die Lehrer der Lernhilfeschulen in diesem Punkt wesentlich skeptischer sind (nur sieben von 13 glauben an eine nachhaltige Wirksamkeit), obgleich doch die bei den Schülern gemessenen Effekte besonders groß waren.

Einige Lehrer (etwa jeder Dritte) fühlen sich durch die ›topdown-vorbereiteten‹ Unterrichtsentwürfe zu sehr eingeengt, die meisten gaben aber an, dass ihnen genügend Freiraum für eigene Ideen blieb. Die breite Akzeptanz des Programms und die allgemeine Zufriedenheit der Lehrerinnen und Lehrer mit den vollständig ausgearbeiteten Unterrichtsmaterialien zeigt sich auch darin, dass nur jeder fünfte den Wunsch nach einer stärkeren Einbindung in die Entwicklungsarbeiten geäußert hat.

Beispiel: Bewertungen der Unterrichtsmaterialien (Lehrerangaben in Prozent der Nennungen)		
	Ja	Nein
Das vorgegebene Unterrichtsmaterial ließ mir genügend Raum für eigene Ideen.	67%	33%
An der Entwicklung des Unterrichtsmaterials wäre ich gerne stärker beteiligt worden.	21%	79%

Vom Nutzen der Wiederholungsstunden. Die Lehrereinschätzungen zum *Textdetektive*-Programm fielen nochmals günstiger aus, wenn es eine Wiederholungseinheit zur Auffrischung der Programminhalte gab. Häufiger übernahmen dann die Lehrerinnen und Lehrer die strategischen Prinzipien auch langfristig und dauerhaft in ihren Unterricht (Trenk-Hinterberger, 2006). Im Nachhinein befragt, hielten sie die Wiederholungsstunden für hilfreich und nützlich. Sie haben wiederum berichtet, dass die Detektivmethode *Wichtiges zusammenfassen* besonders schwer zu vermitteln sei.

Die positiven Erfahrungen mit den Wiederholungsstunden zeigen, dass erst ein mehrstufiges Vorgehen bei der Implementation eines neuartigen unterrichtlichen Konzepts eine nachhaltige Veränderung der handlungsleitenden Überzeugungen und der unterrichtlichen Gewohnheiten der Lehrerinnen und Lehrer – und damit auch den Lernerfolg der Schülerinnen und Schüler – bewirken wird. Denn das ist stets die Gefahr bei den von außen ›top-down‹ neu angebotenen Programmen: dass sie Strohfeuer bleiben und keine nachhaltigen Veränderungen bewirken. Souvignier und Trenk-Hinterberger (2007) sehen deshalb nach den Erfahrungen mit den Textdetektiven ein integratives Drei-Komponenten-Modell der Programmimplementation als geeigneten Weg, um ein neuartiges Unterrichtsprogramm nachhaltig zu verankern. Alle drei Modellkomponenten sind im Verlauf der Projektarbeiten entwickelt, aufeinander abgestimmt und optimiert worden. Wichtig sind demnach die folgenden drei Komponenten:

– Vollständig ausgearbeitete Unterrichtsmaterialien, die ein unaufwendiges und rasches Erproben zulassen, um damit wichtige eigene Erfahrungen zu gewinnen,
– Lehrerfortbildungen am konkreten Material,
– Wiederaufnahme der Programmprinzipien durch eine Wiederholungseinheit.

Das geschilderte Vorgehen ist praxisnah und zeitökonomisch. Auf der Grundlage des Drei-Komponenten-Modells lassen sich auch die Programmeffekte bei den Schülerinnen und Schülern langfristig sichern.

Und die Schüler? Katja Rühl (2006) konnte 404 Schülerinnen und Schüler aus Haupt-, Real- und Gesamtschulen nach der Programmdurchführung schriftlich befragen. Drei von vier fanden das Programm gut und hatten den Eindruck, dass ihnen die Detektivmethoden künftig beim Lesen helfen würden. Etwas geringer, aber immer noch positiv, war die Akzeptanz bei den 610 von Isabel Trenk-Hinterberger (2006) befragten Gymnasialschülern. Dort fanden drei von fünf Befragten das Programm gut und hilfreich.

Beispiel: Was bringt das Programm?

Ich find das eigentlich sinnvoll, weil dann lernen Kinder Bücher richtig zu verstehen, weil es gibt zum Beispiel so Bücher wie Harry Potter, da versteht man einige Sachen nicht und dann kann man die Methoden, die in den Textdetektiven drin sind, anwenden und benutzen. Zum Beispiel meine Mutter oder mein Vater oder mein Bruder möchte gern erzählt kriegen: »Was hast du denn gestern Abend gelesen?« Ich würde dann immer mein Verstehen überprüfen und dann würde ich meinem Bruder abgekürzt sagen, was passiert ist und nicht alles vorlesen, sondern einfach nur erzählen. (Jan-Philipp, 12)

Vom Nutzen der motivationalen Selbstregulation. Einige Lehrerinnen und Lehrer haben den optionalen Baustein zur motivationalen Selbstregulation als ›abstrakt‹ und eher ›unverbunden mit den anderen Programmbausteinen‹ erlebt. Den Schülern hat es aber in der Regel viel Spaß gemacht. Der Einbezug des Bausteins ist auf jeden Fall zu empfehlen, denn eine positive Veränderung des Zielsetzungsverhaltens, der Selbstbewertungen und der Ursachenzuschreibungen – so sie gelingt – befördert die Fähigkeit zum selbstregulierten Lernen und zum kompetenten Lesen. Natürlich darf der Einsatz des Motivationsbausteins nicht zu Lasten notwendiger Übungseinheiten der anderen Programmteile gehen. Wenn – etwa aus Zeitgründen – auf den Baustein zur motivationalen Selbstregulation verzichtet werden muss, dann sollten die grundlegenden motivationalen Prinzipien dieses Bausteins in die allgemeine Programmarbeit integriert werden.

Moderierende Bedingungen. Häufig wird für Förderprogramme der geschilderten Art von sogenannten Matthäus-Effekten berichtet, frei nach Matth. 25, Vers 29: Wer hat, dem wird gegeben! Damit ist gemeint, dass Kinder, die schon zu Beginn einer Fördermaßnahme mehr wissen und können als andere, am Ende auch besonders viel von der Maßnahme profitiert haben werden. Im Ergebnis würden damit aber die Kompetenz- und Leistungsunterschiede nach einer Fördermaßnahme nicht kleiner, sondern größer sein. Bei den Wirksamkeitsprüfungen der Textdetektive haben wir solche differentiellen Effekte nicht gefunden. Das heißt: Prinzipiell wirkt das Programm für Kinder mit unterschiedlichen Lernvoraussetzungen in gleicher Weise gut (oder auch weniger gut). Das Ausbleiben differentieller Effekte heißt aber nicht, dass die individuellen Lernvoraussetzungen für die Lesekompetenz unerheblich wären. Im Gegenteil: Der Wortschatz, die Schnelligkeit der Worterkennung, die muttersprachliche Kompetenz und andere Determinanten des Textverstehens sind neben dem lesestrategischen Wissen und neben dem Leseinteresse außerordentlich bedeutsam. Nur wirkt das Förderprogramm unabhängig vom Ausprägungsgrad dieser Determinanten – vorausgesetzt, es wird im Schwierigkeitsniveau entsprechend adaptiert.

Besonders wichtig für das Textverstehen ist der verfügbare Wortschatz. Aber auch für den Wortschatz ließ sich kein Zusammenhang mit der Programmwirksamkeit nachweisen. Positiv gewendet bedeutet das, dass auch bei schlechten Lernvoraussetzungen lesestrategisches Wissen erworben werden kann. Wenn allerdings Chancenausgleich und die Verringerung von Leistungsunterschieden angezielt werden, ist das nicht genug, denn das Unterrichtsprogramm wirkt offenbar nicht kompensatorisch zugunsten der leistungsschwächeren Schülerinnen und Schüler (Rühl, 2006).

Durch einen hohen Anteil von Kindern ohne deutsche Muttersprache waren die sprachlichen Voraussetzungen in den geförderten Klassen vielfach ungünstig. In der Studie von Rühl (2006) sprechen beispielsweise weniger als die Hälfte der Kinder zu Hause Deutsch als Umgangssprache. Auch das hat auf die prinzipielle Wirksamkeit des Trainings keinen Einfluss, genauso wenig wie das Geschlecht. Allerdings weisen die Kinder aus

Migrationsfamilien in nahezu allen Determinanten des Textverstehens die ungünstigeren Werte auf. Das heißt: Sie haben einen
geringeren Wortschatz und lesen langsamer und sie wissen vor
Beginn des Unterrichtsprogramms weniger gut über Lesestrategien Bescheid.

In Schulen für Lernhilfe. Faye Antoniou (2006) hat unter dem
Titel *Wir werden Lesedetektive* eine modifizierte und verkürzte
Programmversion bei Kindern mit Lernbehinderungen eingesetzt
(vgl. auch Souvignier & Rühl, 2005). Lehrermanual und (Schü-
ler-)Arbeitsheft enthalten die beiden kognitiven Lesestrategien
Überschrift beachten und *Wichtiges zusammenfassen*, letztere
unterteilt in *Zusammenfassen von Geschichten* und *Zusammenfassen von Sachtexten.*

Beispiel: Programmbausteine und Aufbau der Lesedetektive
        (Rühl & Souvignier, 2006)

Bausteine	Lerneinheiten	Stunden
Kognitive und	(1) Einführung in die Rahmenhandlung	3
Metakognitive	(2) Überschrift beachten (DM 1)	3
Lesestrategien	(3) Umgang mit Textschwierigkeiten (DM 2)	5
	(4) Zusammenfassen von Geschichten (DM 3)	6
	(5) Zusammenfassen von Sachtexten (DM 4)	6
Kognitive	(6) Checkliste	7
Selbstregulation		

Das Lehrermanual zum Programm ist in sechs Lerneinheiten gegliedert. Vorangestellt ist eine Einführung zu Konzeption und Durchführung des Trainings. Das Manual enthält jeweils auf der rechten einer
Doppelseite unter *Ziele, Material, Erarbeitung* und *Wichtige Hinweise* einen detaillierten Leitfaden zum unterrichtlichen Vorgehen. Auf
der linken Seite finden sich unter *Bemerkungen für die Unterrichtenden* Hintergrundinformationen zur jeweiligen Lerneinheit. Links sind
auch die benötigten Materialien aus dem Schülerarbeitsheft in verkleinerter Form abgebildet.

Dazu kommt die metakognitive Strategie *Umgang mit Textschwierigkeiten.* Anstelle des Leseplans wird abschließend eine

Checkliste eingeübt, die den selbstständigen und routinierten Einsatz der vermittelten Strategien sichern soll (Rühl & Souvignier, 2006). Um das Programm nicht zu überfrachten, wurde auf einen eigenständigen Baustein zur Förderung der motivationalen Selbstregulation verzichtet. Alle Arbeitsmaterialien, Texte und Merkblätter wurden im Hinblick auf die Zielgruppe vollständig neu entwickelt.

Aufgrund der ungünstigen Lernvoraussetzungen stellt die unterrichtliche Implementation der Lesedetektive eine besondere Herausforderung dar. Wo sie gelingt, sind allerdings deutliche Trainingsfortschritte möglich. Wie schon bei den Textdetektiven ist es hilfreich, wenn die neuen Strategien nach dem Prinzip des Modelllernens eingeführt werden und wenn ausführlich über den Nutzen und die Anwendungsbedingungen der Strategien informiert wird. Eine ausgiebige Phase des Einübens und der Ergebnissicherung muss sich anschließen.

Beispiel: Was bringt das Programm?

Schüler haben das Programm gut angenommen. Es war aber schwierig, es im Anschluss weiterhin durchzuführen, da die Schüler dann älter wurden und andere Impulse gebraucht hätten. Wenn ich erneut eine 6. Klasse hätte, würde ich es wieder durchführen. (Lehrerin, Schule für Lernhilfe)

Über die in insgesamt 40 Schulklassen durchgeführten Wirksamkeitsprüfungen der Lesedetektive war bereits berichtet worden (Kapitel 7; Tabelle im Anhang). Mittelgroße bis große Effekte resultieren sowohl für lesestrategisches Wissen als auch für das Leseverständnis.

Textgenres. Die Methoden der Textdetektive helfen beim Verstehen und Behalten erzählender und pragmatischer Texte. Ihre unmittelbare Nützlichkeit wird vermutlich bei den pragmatischen Sachtexten größer sein, da das Verstehen literarischer Texte einer Reihe zusätzlicher Kenntnisse und Fertigkeiten bedarf, die im Unterrichtsprogramm nicht eigens adressiert werden. Die in den Unterrichtsmaterialien verwendeten Erzähltexte sind ›einfach‹ strukturiert und nicht immer repräsentativ für den Literaturunterricht dieser Klassenstufen. Dennoch hat es sich bewährt, in den ausgearbeiteten Unterrichtsmaterialien neben den Sach- auch die Erzähltexte beizubehalten. Schüler fünfter Klassen sind es aus der Grundschulzeit gewohnt, mit narrativen Texten umzugehen. Die bewusste Anknüpfung an ein vertrautes Genre kann so den Aufbau der strategischen Kompetenzen begünstigen.

Die strategieorientierte Leseförderung sollte nicht auf den Deutschunterricht begrenzt bleiben. Eine Textgenres und Unterrichtsfächer verbindende Version wurde gerade in englischer Sprache fertiggestellt: *The Text Detectives* für den Einsatz im Englischunterricht und im bilingual-fächerübergreifenden Unterricht (Gaile, Gold & Souvignier, 2007). Fünf ausgewählte Detektivmethoden – *Überschrift beachten* (What's in a title?), *Bildlich vorstellen* (Visualizing!), *Umgang mit Textschwierigkeiten* (Unknown words?), *Wichtiges zusammenfassen* (Summarize!) und *Verstehen überprüfen* (Check Understanding!) – werden an englischsprachigen Texten mit Sachinhalten aus dem Geschichts-, Biologie- und Geographieunterricht erarbeitet.

9. Kann man Lesen lernen?

Worum geht es?

Um eine abschließende Einordnung und Bewertung einer strategie-orientierten Förderung. Ein strategieorientiertes Programm – wie die Textdetektive – setzt an den hierarchiehohen Verstehensprozessen an und fördert den Erwerb strategischer und selbstregulativer Lesekompetenzen. Daneben gibt es grundlegendere, auf die hierarchieniedrigen Prozesse zielende Fördermaßnahmen, die zum Beispiel die Verbesserung des flüssigen Lesens zum Ziel haben. Vielfältige Maßnahmen zur Leseanimation, um über das Leseinteresse und die Lesemotivation die Lesehäufigkeit und damit auch die Lesekompetenz zu steigern, kommen hinzu. In einer abschließenden Betrachtung wird die Auffassung vertreten, dass die besonderen Vorzüge eines strategieorientierten Unterrichtsprogramms in der systematischen Vermittlung und angeleiteten Einübung jener Kenntnisse und Fertigkeiten liegen, die das Textverstehen nachweislich erleichtern.

Die Konzeptionen und Programme zur *schulischen Leseförderung* auf der Ebene der Leseprozesse lassen sich idealtypisch zwei unterschiedlichen Ansätzen zuordnen: Zum einen wird auf der Grundlage kognitionspsychologischer Modelle des Textverstehens die Vermittlung und Einübung von Lesestrategien sowie von Strategien der kognitiven und motivationalen Selbstregulation propagiert, wie beispielsweise bei den Textdetektiven. Zum anderen wird auf der Basis eines sozialisationstheoretisch und lesedidaktisch orientierten Erwerbsmodells von Lesekompetenz allein oder zusätzlich auf Maßnahmen der Leseanimation und zur Förderung des Leseinteresses gesetzt. Beiden Ansätzen ist gemeinsam, dass sie das Verstehen auf der Textebene anzielen, durch die Brille Walter Kintschs gelesen also die *hierarchiehöheren Verstehensprozesse*, d.h. den Aufbau globaler Kohärenzen zu Superstrukturen und zu einem sogenannten Situationsmodell befördern sollen (vgl. Kapitel 1).

Aber auch die *hierarchieniedrigen Verstehensprozesse*, die grundlegenden Lesefertigkeiten, die dem notwendigen Aufbau der lokalen Kohärenzen unterhalb des pragmatischen und literarischen Textverstehens dienen, lassen sich fördern. Cornelia Rosebrock und Daniel Nix (2006) haben einen Forschungsüberblick zur US-amerikanischen Leseförderung vorgelegt, mit vielen bewährten Beispielen zur Vermittelbarkeit der hierarchieniedrigen Teilkomponenten und der grundlegenden Lesefertigkeiten. Sie weisen in diesem Zusammenhang auf die oft fehlende »Brücke zwischen Dekodieren und Verstehen« hin.

Dadurch wird die Kluft zwischen der Lesedidaktik der Grundschule, in der Lesefertigkeiten begrenzt geübt werden, und den Sekundarschulen, in denen die Fähigkeit, aus Texten zu lernen, vorausgesetzt wird, für viele Schüler/innen unüberwindbar. (Rosebrock & Nix, 2006, S. 92)

Gerade für die schwachen Leser – so die Argumentation – wird sich diese Kluft in ihren Auswirkungen auf die weitere Entwicklung der Lesekompetenz als ungünstig erweisen und zudem eine Negativspirale im Hinblick auf die Entwicklung des lesebezogenen Selbstkonzepts in Gang setzen. Da die ›disfluenten‹ Leser weder mühelos noch schnell noch automatisiert lesen können, dringen sie zu den höheren Verstehensleistungen nur schwer vor. Natürlich werden sie dann auch seltener freiwillig und mit Genuss lesen. Die ›fluenten‹ Leser lesen hingegen gern und ohne Mühe, automatisiert, angemessen segmentiert und syntaktisch sinngestaltend gegliedert.

Was fördern? Mit Blick auf die Notwendigkeit von Fördermaßnahmen kann es in Bezug auf die hierarchiehöheren und die hierarchieniedrigeren Teilprozesse keine Entweder-Oder-Antwort geben. Nicht umsonst hat Kintsch (1996) wiederholt auf den zyklisch-überlappenden Prozess des Textverstehens verwiesen, bei dem die wortbezogenen, die propositionalen und die situativen Repräsentationsformen nicht unabhängig voneinander, sondern in steter Interaktion und wechselseitiger Abhängigkeit ausgebildet werden. Daraus folgt, dass das text- und inhaltsbezogene Vorwissen eines Lesers stets auch die Schnelligkeit der Worterkennung – also einen hierarchieniedrigen Prozess – mit beeinflusst. Im Umkehrschluss folgt daraus aber auch, dass die

Effizienz der hierarchieniedrigen Prozesse für den Aufbau eines adäquaten Situationsmodells ebenfalls von großer Bedeutung ist.

Im Folgenden werden zunächst einige neuere Ansätze zur Förderung des flüssigen und phrasierten Lesens (also zur Förderung der hierarchieniedrigen Prozesse) beschrieben, bevor resümierend wiederum für die strategieorientierte Perspektive geworben wird. Dass zusätzlich oder im Kontext dieser beiden Förderlinien weiterhin Maßnahmen zur Steigerung der Lesemotivation und des Leseinteresses verfolgt werden (können), versteht sich von selbst.

Förderung der hierarchieniedrigen Prozesse. Das schnelle, automatisiert segmentierte leise und laute Lesenkönnen hängt eng mit dem Textverstehen zusammen. Flüssige sind in der Regel die kompetenteren Leser – eine enge Verbindung zwischen *Leseflüssigkeit* und Lesemotivation liegt ebenfalls auf der Hand, denn nur wer mühelos liest, wird dies auch gerne tun (Möller & Schiefele, 2004). Wenig überraschend, dass deshalb häufig die Auffassung vertreten wird, durch eine Erhöhung der Lesegeschwindigkeit, eine Optimierung der Automatisierungsprozesse und durch das Einüben von Betonung und Pausengestaltung (durch lautes Lesen) könnten – ›auf dem Umweg über die Leseflüssigkeit‹ – letztlich auch die hierarchiehöheren Verstehensprozesse sowie die Lesemotivation verbessert werden.

> Beispiel: Leseflüssigkeit
>
> Auf der Wortebene ist Leseflüssigkeit (fluency) die genaue, schnelle und zunehmend automatisierte Fertigkeit des leisen und lauten Dekodierens von Wörtern. Auf der lokalen Textebene ist Leseflüssigkeit die sinnkonstituierende, phrasierende Fertigkeit zur leisen und lauten (auch angemessen betonenden) Lektüre, die es leichter möglich macht, die Bedeutung eines Textabschnitts als mentales Modell zu konstruieren. Das flüssig-automatisierte Lesen setzt Ressourcen des Arbeitsgedächtnisses frei, die für die hierarchiehöheren Verstehensprozesse bzw. für den Einsatz der diese Prozesse unterstützenden Lesestrategien benötigt werden (Gold, 2009).

Zur Förderung des flüssigen Lesens sind Verfahren gebräuchlich, die entweder das extensive leise Lesen propagieren oder das wiederholte laute Lesen. Die *Vielleseverfahren* folgen der einfachen Devise »Lesen lernt man am besten durch Lesen«. Alles andere ergebe sich dann schon von selbst. Ihr Begründungsmuster korrespondiert in großen Teilen mit den bekannten Bildungsnormen einer literarisch-humanistischen Tradition.

Dass Kinder mehr und engagierter lesen sollen ist rasch gefordert (Schön, 2002). Die Frage ist nur, wie es sich einfordern lässt. Richard Bambergers Lese- und Lernolympiade (Bamberger, 2000) und andere Viel- und Schnell-Leseprogramme arbeiten mit einer Mischung aus Angebot und Zwang. Bambergers Grundidee ist einfach: durch schnelleres zum besseren Lesen gelangen! Die eher angebotsorientierten Verfahren zur Förderung des Viellesens unterstützen die freie Lektüre in der Schule und im Unterricht (und auch darüber hinaus), insbesondere durch die Einrichtung von Klassenbibliotheken und durch das Bereitstellen stiller Lesezeiten während des Unterrichts. Dreimal wöchentlich wird beispielsweise jeweils 20 Minuten lang im Unterricht individuell in einem Buch eigener Wahl gelesen. Dem Prinzip des leisen Viellesens, auch *Sustained Silent Reading* (SSR) genannt, liegt die Vorstellung zugrunde, der Lesevorgang an sich bewirke eine Kompetenzverbesserung. In der Regel gibt es bei diesen Verfahren allerdings keine institutionalisierte Form der Anschlusskommunikation über die gelesenen Texte. Auch das von Bertschi-Kaufmann und Schneider (2006) unterbreitete individualisierte Leseangebot folgt diesem Konzept. Die bislang vorliegenden empirischen Befunde zum Viellesen sind durchaus uneinheitlich und in der Tendenz eher ernüchternd – die meisten Studien sind aufgrund ihrer unzureichenden Untersuchungsanlage aber auch wenig aussagekräftig (vgl. Rosebrock & Nix, 2006).

Selbst wenn es gelänge, durch die SSR-Verfahren zum häufigeren Lesen anzuregen, der angezielte Transfer auf die Lesekompetenz ist nicht gewiss. Denn die erhoffte Wirksamkeit des Viellesens rührt allein aus der Kenntnis der bereits benannten korrelativen Beziehungen: Vielleser sind häufig die besseren Leser und gute Leser lesen meist schneller als schlechte! Eine positive Korrelation darf aber nicht mit einem kausalen Zusammenhang verwechselt werden. Man kann sich auch leicht vorstellen, dass ein möglichst hohes Lesetempo und eine möglichst maximale Lesemenge pro Zeiteinheit nicht unbedingt ein angemessenes Textverstehen nach sich ziehen wird.

Beispiel: Korrelation und Kausalität

Neulich ging eine Meldung durch die Presse, wonach die Forschung bewiesen hätte, dass die Soziologie den Schulerfolg besser vorhersagen könne als ein Intelligenztest: »Je weniger Bücher, je höher der Fernsehkonsum und je höher das Taschengeld, desto geringer ist die Aussicht, dass die Kinder Abitur machen«, so ein Soziologieprofessor aus Kassel.

Was folgt daraus? Dass die Abiturientenquote steigen würde, wenn in den häuslichen Wohnzimmern zusätzliche Bücherschränke und weniger Fernsehapparate platziert würden oder wenn man das Taschengeld reduzierte? Eher nicht! Der soziologische ist ein korrelativer Befund, der ein Ereignis zwar vorhersagen, nicht aber (kausal) erklären kann. Die Korrelation beschreibt einen Zusammenhang zwischen zwei Merkmalen, die ›miteinander einher gehen‹. Die berichteten Ausprägungen der oben genannten soziodemographischen Merkmale gehen also häufig mit dem (mangelnden) Schulerfolg einher, ohne ihn damit erklären zu können.

Bei den *Lautleseverfahren* liegt der Fokus naturgemäß weniger auf der Lesegeschwindigkeit und auf der reinen Lesemenge als vielmehr auf der Erweiterung des sogenannten ›Sichtwortschatzes‹ durch wiederholt bewusst gelesene neue Wörter sowie auf einer allmählichen Vervollkommnung der sinngestaltenden Strukturierung und Segmentierung der zu bearbeitenden Lesevorlage. Dabei wird das monoton-stockende Wort-für-Wort-Lesen des ungeübten Lesers allmählich ersetzt durch Betonung und Intonation sowie Pause und Rhythmus – und zwar durch das Beachten der entsprechenden textimmanenten Hinweise auf der syntaktischen, semantischen und pragmatischen Ebene.

Unterschiedliche Lautleseverfahren, auch *Oral Reading* (OR) genannt, werden gezielt im Sinne eines übenden Wiederholens zur Verbesserung der Leseflüssigkeit eingesetzt – häufig spricht man auch vom Wiederholungslesen (repeated reading) oder vom begleiteten Lesen (assisted reading). In beiden Fällen werden nicht selten instruktionale Prinzipien genutzt, die sich am Vorbild des reziproken Lehrens orientieren, indem Dyaden (Paare) aus besseren und schlechteren Lesern gebildet werden, die einen Text synchron oder nacheinander, laut und einander verbessernd, vorlesen (vgl. Rosebrock & Nix, 2006). Die empirische Befundlage zu den Lautleseverfahren ist vielversprechender als bei den Vielleseverfahren. Im National Reading Panel (2000), der wohl umfangreichsten Metaanalyse zu den lesedidaktischen Studien, werden die Lautleseverfahren für den unterrichtlichen Einsatz denn auch mit Nachdruck empfohlen. Weniger eindeutig fallen allerdings die Befunde von Landerl und Moser (2006) aus, die bei leseschwachen Schülerinnen und Schülern der 2. bis 8. Klassenstufe nach der gemeinsamen Arbeit mit einem erwachsenen Lesepartner nur bei jedem zweiten geförderten Kind bedeutsame Fortschritte ausmachen konnten.

Beispiel: Lautes Wiederholungslesen

Das von Topping (1987) konzipierte Paar- oder Tandem-Lesen (Paired Repeated Reading) wird üblicherweise dreimal wöchentlich 20 Minuten lang praktiziert. Im Lesetandem ist der jeweils schwächere Leser der Tutand, der bessere der Tutor. Beide lesen laut und gemeinsam den gleichen Text. Der Tutor passt sich dabei der Lesegeschwindigkeit seines Tutanden an und verbessert gegebenenfalls die auftretenden Lesefehler. Mit fortschreitender Übung und auf ein Zeichen des Tutanden ›blendet sich der Tutor allmählich aus‹ und der Tutand liest so lange allein weiter, bis er wieder einen Fehler macht. Dann beginnt das synchrone Lautlesen wieder von vorn (Gold & Rieckmann, 2009).

Soweit zur Förderung der hierarchieniedrigen Prozesse, etwa durch die Verbesserung der Leseflüssigkeit oder durch die Erweiterung des Wortschatzes. Über das häufigere Lesen, so die schlichte Grundannahme, kommt es letztendlich auch zum besseren und kompetenteren Lesen. Die mit den Textdetektiven vertretene Position, durch Kenntnis und Anwendung geeigneter Lesestrategien zu einem besseren Leseverständnis zu gelangen, steht dazu nicht im Widerspruch. Sie nimmt aber für sich in Anspruch, dass durch einen systematisch betriebenen Aufbau strategischer und selbstregulativer Kompetenzen die notwendigen Voraussetzungen für ein besseres Textverstehen auf allen Ebenen geschaffen werden.

Förderung der hierarchiehohen Prozesse. Lesestrategien und Strategien der Selbstregulation zielen auf die hierarchiehöheren Verstehensprozesse. Ein Beispiel für ein strategieorientiertes Programm sind die im 6. Kapitel ausführlich vorgestellten Textdetektive. Es gibt in deutscher Sprache kein anderes strategieorientiertes Unterrichtsprogramm, das in vergleichbarer Weise hinsichtlich seiner Wirksamkeit empirisch belegt und praktisch erprobt wäre. Neben den *strategieorientierten Programmen* im engeren Sinne gibt es solche, die zusätzlich die Lern- oder Lesemotivation zu fördern beabsichtigen (vgl. dazu Streblow, 2004 oder McElvany & Schneider, 2009). Das bereits erwähnte Förderprogramm *CORI* (Concept Oriented Reading Instruction) von Guthrie, Wigfield und Perencevich (2004) ist in diesem Sinne ein integratives. Die bisherigen Evaluationen des CORI-Programms sind sehr erfolgreich verlaufen.

Beispiel: CORI (Concept Oriented Reading Instruction)

CORI (Guthrie et al., 2004) ist ein Programm zur Förderung von Lesekompetenz und Leseengagement und richtet sich an Kinder in der dritten Klassenstufe. Es umfasst eine Trainingsdauer von ca. drei Monaten. Täglich wird eine Doppelstunde für die Programmarbeit (mit dem sachunterrichtlichen Thema: Leben an Land und im Wasser) reserviert. Dabei finden die folgenden instruktionalen Prinzipien Anwendung:

1. Lernziele setzen (learning goals orientation): Besseres Verstehen und die Aneignung von Wissen sind Ziel des Lernens und Lesens.
2. Lesen und Eigentätigkeit (real world interaction): Die Kinder führen – neben dem Lesen – eigenständig kleine Experimente und Beobachtungen durch.
3. Kontinuierliche Unterstützung (competence support): Programmziele und Lesestrategien werden explizit und klar strukturiert vorgegeben und vermittelt.
4. Förderung der Autonomie (autonomy support): Die Selbststeuerung des Lernens und Lesens wird gefördert.
5. Emotionale Unterstützung (relatedness support): Die Lehrenden machen deutlich, dass sie an den inhaltlichen Interessen und am Leistungsfortschritt der Kinder Anteil nehmen.

Die Pionierarbeiten unter den strategieorientierten Unterrichts-programmen haben Paris, Cross und Lipson (1984) mit ihrem *ISL* (Informed Strategies for Learning) – daraus wurden später die Textdetektive –, Palincsar und Brown (1984) mit ihrem *RT* (Reciprocal Teaching), sowie Duffy und Kollegen (1987) mit ihrem *DEM* (Direct Explanation Model) geleistet. In all diesen Programmen werden spezifische Lesestrategien, in der Regel für das Erarbeiten von Sachtexten, über mehrere Monate hinweg im Unterricht explizit vermittelt. Im Wesentlichen sind das die Strategien der Textdetektive. Die später entwickelten Unter-richtsprogramme *TSI* (Transactional Strategies Instruction) von Pressley und Kollegen (1998) sowie die Lesestrategietrainings von de Corte, Verschaffel und van de Ven (2001) sowie von van Keer (2004) bauen auf diesen Vorarbeiten auf. Häufig kommen dabei innovative instruktionale Elemente, wie das Peer Tutoring, zur Anwendung.

Beispiel: Leseförderung als Schulprogramm (»Lesen macht schlau«)

Ruth Schoenbach und Cynthia Greenleaf (Schoenbach et al., 2006) haben vor mehr als zehn Jahren in Kalifornien ein komplettes Schul-programm (Reading for Understanding) zur Förderung von Lesemo-tivation und Lesekompetenz entwickelt. Das Konzept beruht auf ei-nem ganzheitlichen und fächerübergreifenden Ansatz. Als einjähriger Kurs konzipiert, soll es Schüler der 9. Klassenstufe zu engagierten und strategischen Lesern machen. Im Verlauf des Programms wird neben dem strategischen auch das flüssig-automatisierte Lesen geübt. Die instruktionalen Methoden sind den Prinzipien der sogenannten ›kognitiven Meisterlehre‹ (apprenticeship learning) und des rezipro-ken Lehrens entlehnt. Die Lehrerinnen und Lehrer sind Lese-Meister, die Schüler die Lese-Lehrlinge. Zwischen beiden wird eine Art Ausbildungsvertrag (›Leitlinie‹) geschlossen. Die Schüler nehmen sich vor, das ›Lesen zu erforschen‹, um so vom Lese-Lehrling zum Lese-Experten zu werden.

Wichtig ist, dass die Schüler Verantwortung für den eigenen Lese-prozess übernehmen. Zum Aufbau einer ›geistigen Werkzeugkiste‹ werden zunächst wichtige Lesestrategien als notwendiges Hand-werkszeug vermittelt (z.B. Fragen an einen Text stellen, Textstellen zusammenfassen, Vorhersagen der weiteren Textinhalte, Textschwie-rigkeiten klären). Mit diesem Handwerkszeug sind die Schüler auf das selbstgesteuerte Lesen in den freien Lesezeiten vorbereitet.

Das Konzept von *Lesen macht schlau* beruht darauf, dass für die lese-schwachen 14- bis 17-Jährigen ein ganzes Bündel von Fördermaß-nahmen geschnürt wird, und zwar in allen Fächern, in denen gelesen wird. Anstatt die Lesekompetenz stillschweigend vorauszusetzen – wie es häufig geschieht –, wird früher Versäumtes systematisch nachgeholt. Denn wie Dorothee Gaile in ihrem Vorwort zu *Lesen macht schlau* treffend formuliert: »If Johnny can't read in class 9, it's not too late.«

Allen strategieorientierten Programmen ist gemeinsam, dass das verstehende Lesen durch die explizite Vermittlung und modell-hafte Einübung von Lesestrategien gefördert wird – mehr oder weniger explizit wird zusätzlich auch die Lesemotivation ge-stärkt.

Lesen kann man lernen. Die animierenden Verfahren zur Förde-rung der Lesehäufigkeit bedienen sich naturgemäß vor allem der literarischen Erzähltexte. So motivieren sie zum Lesen und tra-gen – zumindest wenn die ›passende‹ Lektüre gefunden wird – dazu bei, dass gern, viel und genussvoll (vielleicht auch besser) gelesen wird. Im Idealfall wird sich dies als Gewohnheitslesen stabilisieren und die pubertären Lesekrisen überdauern. Im An-hang dieses Buches finden Sie hierzu einige wichtige Adressen und Initiativen. Zum Genusslesen kann man nämlich durchaus animiert werden, vorausgesetzt, die notwendigen Lesefertigkei-ten sind bereits vorhanden.

Die animierenden Verfahren werden jene nicht erreichen, de-ren Leseabstinenz weniger auf ein motivationales als vielmehr auf ein kognitives Problem zurückgeht. Deshalb können diese Maßnahmen auch ein strategieorientiertes Programm zur Förde-rung des verstehenden Lesen nicht ersetzen. Und deshalb wird es auch – wo dies notwendig ist – zusätzliche Maßnahmen zur Förderung der hierarchieniedrigen Prozesse und der Leseflüssig-keit geben müssen. Wenn nämlich für die leseschwachen Schüle-rinnen und Schüler, die »verheißenen Genussversprechungen beim Lesen deshalb nicht wirksam werden können, weil andere Bereiche der Lesekompetenz zu wenig ausgebildet sind, um die erhoffte Wirkung erzielen zu können« (Rosebrock, 2003a, S. 168), reichen die motivationsförderlichen Maßnahmen nicht mehr aus. Wo die notwendigen Voraussetzungen des Textverstehens nicht oder nur unzureichend vorhanden sind, müssen Kenntnisse und Fertigkeiten erworben und vermittelt werden, damit Lesen mit Lust und Freude und nicht mit Zwang und Versagen assoziiert werden kann.

Beispiel: Briefe an Kevin

Lieber Kevin,
ich habe gerade eine Menge über dich gelesen und kann wirklich gut nachvollziehen, wie du dich fühlst, wenn du das nicht verstehst, was du liest. Ich weiß, wie schwer und wichtig es für dich ist, deshalb schreibe ich diesen Brief, um dir ein paar Vorschläge zu machen. Ich möchte, dass [...] du ein besserer Leser wirst und die Bücher, die du liest, besser verstehst. Einer der Vorschläge, die ich dir machen möchte, ist es, jeden einzelnen Textabschnitt in Sinneinheiten zu unterteilen. Das ist leicht. Du musst nur nach jedem Satzglied einen Schrägstrich machen. Damit unterteilst du Sätze in kleine Stücke, die du verstehen kannst. Ein anderer Vorschlag ist, dass du dir selbst Bücher zum Lesen aussuchst. Bücher, die leicht zu verstehen sind. [...] Ich hoffe, du nutzt diese tollen Vorschläge.
(aus Schoenbach et al., 2006, S. 78)

Ein erprobtes strategieorientiertes Förderprogramm, wie es mit den Textdetektiven vorliegt, wird im unterrichtlichen Einsatz zur Steigerung der individuellen Lesekompetenz beitragen. Ein gesteigertes Kompetenzerleben wird dann auch das lesebezogene Selbstkonzept, die Lesemotivation und die Lesefreude positiv beeinflussen. Der große Vorteil einer unterrichtlich-systematischen Förderung des strategischen und selbstregulativen Lesens liegt in der Verbindung von (kognitionspsychologisch) begründeten Programminhalten mit den bewährten instruktionalen Prinzipien ihrer Vermittlung. Dass dies auch bei den Schülerinnen und Schülern der Lernhilfeschulen mit gutem Erfolg gelungen ist (Antoniou, 2006), stimmt besonders zuversichtlich. Es zeigt, dass auch bei ungünstigen Lernvoraussetzungen kognitive Lesestrategien und Strategien ihrer metakognitiven Regulation erlernt und vermittelt werden können. Und dass sich dies in einer verbesserten Lesekompetenz niederschlägt.

Literatur

Aebli, H. (1983). *Zwölf Grundformen des Lehrens.* Stuttgart: Klett.

Antoniou, F. (2006). *Improving reading comprehension in students with special educational needs.* Aachen: Shaker.

Bamberger, R. (2000). *Erfolgreiche Leseerziehung in Theorie und Praxis.* Baltmannsweiler: Schneider.

Baumert, J., Klieme, E., Neubrand, M., Prenzel, M., Schiefele, U., Schneider, W., Stanat, P., Tillmann, K.-J. & Weiß, M. (Hrsg.). (2001). *PISA 2000. Basiskompetenzen von Schülerinnen und Schülern im internationalen Vergleich.* Opladen: Leske + Budrich.

Becker, G., Horstkemper, M., Risse, E., Stäudel. L., Werning, R. & Winter, F. (Hrsg.) (2006). *Diagnostizieren und Fördern.* Friedrich Jahresheft XXIV. Seelze: Friedrich.

Beinke, I., Charlton, M. & Viehoff, R. (2006). Der Leser als Subjekt des Verstehens. In N. Groeben & B. Hurrelmann (Hrsg.), *Empirische Unterrichtsforschung in der Literatur- und Lesedidaktik* (S. 73-94). Weinheim: Juventa.

Bertschi-Kaufmann, A. & Schneider, H. (2006). Entwicklung von Lesefähigkeit: Maßnahmen – Messungen – Effekte. *Zeitschrift für Bildungswissenschaften, 28,* 293-421

Best, P. (2003). Auf Entdeckungsreise. In A. Barsch, I. Behnken, B. Hurrelmann, C. Rosebrock & E. Sander (Hrsg.), *Schüler 2003. Lesen und Schreiben* (S. 92-95). Seelze: Friedrich.

Bonfadelli, H. (1999). Leser und Leseverhalten heute – sozialwissenschaftliche Buchlese(r)forschung. In B. Franzmann, K. Hasemann, D. Löffler & E. Schön (Hrsg.), *Handbuch Lesen* (S. 86-144). München: Saur.

Borzekowski, D.L.G. & Robinson, T.N. (2005). The remote, the mouse, and the No. 2 pencil. *Arch Pediatr Adolesc Med., 159,* 607-613.

Bos, W., Lankes, E.-M., Schwippert, K., Walther, G. & Valtin, R. (Hrsg.) (2003). *Erste Ergebnisse aus IGLU.* Münster: Waxmann.

Buhrfeind, A., Dankert, B., Ermers, U., Franzmann, B., Gollhardt, H., Harmgarth, F., Hladej, J., Kleedorfer, J., Laier, M., Mittrowann, A. & Tschirky, R. (1999). Leseförderung. In B. Franzmann, K. Hasemann, D. Löffler & E. Schön (Hrsg.), *Handbuch Lesen* (S. 471-518). München: Saur.

Christmann, U. & Groeben, N. (1999). Psychologie des Lesens. In B. Franzmann, K. Hasemann, D. Löffler & E. Schön (Hrsg.), *Handbuch Lesen* (S. 145-223). München: Saur.

Christmann, U. & Schreier, M. (2003). Kognitionspsychologie der Textverarbeitung und Konsequenzen für die Bedeutungskonstitution literarischer Texte. In F. Jannidis, G. Lauer, M. Martinez & S. Winko (Hrsg.), *Regeln der Bedeutung* (S. 246-285). Berlin: de Gruyter.

117

De Corte, E., Verschaffel, L. & van de Ven, A. (2001). Improving text comprehension strategies in upper primary school children: A design experiment. *British Journal of Educational Psychology, 71*, 531-559.

Dehn, M., Payrhuber, F.-J., Schulz, G. & Spinner, K.H. (1999). Lesesozialisation, Literaturunterricht und Leseförderung in der Schule. In B. Franzmann, K. Hasemann, D. Löffler & E. Schön (Hrsg.), *Handbuch Lesen* (S. 568-637). München: Saur.

Döring, N. (2003). Mailen, Posten, Chatten, Mudden, Simsen. In A. Barsch, I. Behnken, B. Hurrelmann, C. Rosebrock & E. Sander (Hrsg.), *Schüler 2003. Lesen und Schreiben* (S. 35-44). Seelze: Friedrich.

Duffy, G.G., Roehler, L.R., Sivan, E., Ratcliffe, G., Book, C., Meloth, M.S., Varus, L.G., Wesselman, R., Putman, J. & Bassiri, D. (1987). Effects of explaining the reasoning associated with using reading strategies. *Reading Research Quarterly, 22*, 347-368.

Eggert, H. & Garbe, C. (1995). *Literarische Sozialisation*. Stuttgart: Metzler.

Ennemoser, M. & Schneider, W. (2007). Relations of television viewing and reading: Findings from a 4-year longitudinal study. *Journal of Educational Psychology, 99*, 349-368.

Ennemoser, M. (2003). *Der Einfluss des Fernsehens auf die Entwicklung von Lesekompetenzen*. Hamburg: Kovac.

Ennemoser, M., Schiffer, K. & Schneider, W. (2002). Empirisches Beispiel: Die Rolle des Fernsehkonsums bei der Entwicklung von Lesekompetenzen. In N. Groeben & B. Hurrelmann (Hrsg.), *Lesekompetenz* (S. 236-247). Weinheim: Juventa.

Ewers, H.-E. (2006). Leseförderung gestern und heute. *PF:ue (Nr. 5/2006)*, 281-285.

Franz, K. & Payrhuber, F.-J. (Hrsg.) (2002). *Lesen heute. Leseverhalten von Kindern und Jugendlichen und Leseförderung im Kontext der PISA-Studie*. Baltmannsweiler: Schneider.

Gaile, D., Gold, A. & Souvignier, E. (2007). *The Text Detectives* (Teachers's workbook and Student's manual). Göttingen: Vandenhoeck & Ruprecht.

Garbe, C., Holle, K. & von Salisch, M. (2006). Entwicklung und Curriculum. In N. Groeben & B. Hurrelmann (Hrsg.), *Empirische Unterrichtsforschung in der Literatur- und Lesedidaktik* (S. 115-154). Weinheim: Juventa.

Gisbert, K. (2004). *Lernen lernen*. Weinheim: Beltz.

Gold, A. (2009). Leseflüssigkeit. Dimensionen und Bedingungen bei leseschwachen Hauptschülern. In C. Rosebrock & A. Bertschi-Kaufmann (Hrsg.), *Literalität. Bildungsaufgabe und Forschungsfeld* (S. 151-164). Weinheim: Juventa.

Gold, A., Mokhlesgerami, J., Rühl, K., Schreblowski, S. & Souvignier, E. (2004). *Wir werden Textdetektive* (Lehrermanual und Arbeitsheft). Göttingen: Vandenhoeck & Ruprecht.

Gold, A., Trenk-Hinterberger, I. & Souvignier, E. (2009). Die Textdetektive – ein strategieorientiertes Programm zur Förderung des Leseverständnisses. In W. Lenhard & W. Schneider (Hrsg.), *Diagnostik und Förderung des Leseverständnisses. Test und Trends. N.F. Bd. 7* (S. 207-226). Göttingen: Hogrefe.

Gold, A. & Rieckmann, C. (2009). Flüssiger lesen mit den Lautlese-Tandems. *Fördermagazin, 31*, 9-13.

Greenfield, P. (1987). *Kinder und neue Medien*: Weinheim: PVU.

Guthrie, J.T., Wigfield, A. & Perencevich, K.C. (Eds.) (2004). *Motivating reading comprehension. Concept-oriented reading instruction.* Mahwah: Erlbaum.

Harmgarth, F. (Hrsg.). (1997). *Lesegewohnheiten – Lesebarrieren. Öffentliche Bibliothek und Schule – neue Formen der Partnerschaft.* Gütersloh: Verlag Bertelsmann Stiftung.

Hasselhorn, M. & Körkel, J. (1983). Gezielte Förderung der Lesekompetenz am Beispiel der Textverarbeitung. *Unterrichtswissenschaft, 4*, 370-382.

Hasselhorn, M. & Gold, A. (2006). *Pädagogische Psychologie. Erfolgreiches Lernen und Lehren.* Stuttgart: Kohlhammer.

Hessisches Kultusministerium (Hrsg.). (2004). *Neue Zugänge zum Lesen schaffen.* Wiesbaden: Institut für Qualitätsentwicklung.

Hurrelmann, B. (2002). Leseleistung – Lesekompetenz. Folgerungen aus PISA mit einem Plädoyer für ein didaktisches Konzept des Lesens als kultureller Praxis. *Praxis Deutsch, 29*, 6-19.

Hurrelmann, B. (2004). Sozialisation der Lesekompetenz. In U. Schiefele, C. Artelt, W. Schneider & P. Stanat (Hrsg.), *Struktur, Entwicklung und Förderung von Lesekompetenz* (S. 37-60). Wiesbaden: VS.

Hurrelmann, B. & Groeben, N. (2006). Textwissenschaftliche Grundlagen. In N. Groeben & B. Hurrelmann (Hrsg.), *Empirische Unterrichtsforschung in der Literatur- und Lesedidaktik* (S. 31-51). Weinheim: Juventa.

Hurrelmann, B., Hammer, M. & Nieß, F. (1993). *Leseklima in der Familie. Eine Studie der Bertelsmann Stiftung. Lesesozialisation Band 1.* Gütersloh: Bertelsmann-Stiftung.

Kintsch, W. (1996). Lernen aus Texten. In J. Hofmann & W. Kintsch (Hrsg.), *Lernen, C/II/7, Enzyklopädie der Psychologie* (S. 503-528). Göttingen: Hogrefe.

Kultusministerkonferenz (Hrsg.) (2003). *Bildungsstandards im Fach Deutsch für den Mittleren Schulabschluss (Jahrgangsstufe 10).* Online (am 15.12.2006): www.kmk.org/schul/Bildungsstandards/Deutsch_MSA_BS04-12-03.pdf.

Köller, O., Trautwein, U., Lüdtke, O. & Baumert, J. (2006). Zum Zusammenspiel von schulischer Leistung, Selbstkonzept und Interesse in der gymnasialen Oberstufe. *Zeitschrift für Pädagogische Psychologie, 20*, 27-39.

Küspert, P. & Schneider, W. (2003). *Hören, Lauschen, Lernen: Sprachspiele für Kinder im Vorschulalter* (4. Aufl.). Göttingen: Vandenhoeck & Ruprecht.

Landerl, K. & Moser, E. (2006). Lesepartner: Evaluierung eines 1:1 Tutoring Systems zur Verbesserung der Leseleistungen. *Heilpädagogische Forschung, 32*, 27-38.

Lenhard, W. & Schneider, W. (Hrsg.) (2009). *Diagnostik und Förderung des Leseverständnisses. Tests und Trends. N.F. Bd. 7.* Göttingen: Hogrefe.

Mandl, H. & Friedrich, H.F. (Hrsg.) (2006). *Handbuch Lernstrategien.* Göttingen: Hogrefe.

Marsh, H.W. (2005). Big-fish-little-pond effect on academic self-concept. *Zeitschrift für Pädagogische Psychologie, 19*, 119-128.

McElvany, N. & Artelt, C. (2004). *Das Berliner Eltern-Kind-Leseprogramm.* Berlin: Max-Planck-Institut für Bildungsforschung.

McElvany, N. & Schneider, C. (2009). Förderung von Lesekompetenz. In W. Lenhard & W. Schneider (Hrsg.), *Diagnostik und Förderung des Leseverständnisses. Test und Trends. NF. Bd. 7* (S. 151-184). Göttingen: Hogrefe.

Mokhlesgerami, J. (2004). *Förderung der Lesekompetenz. Implementation und Evaluation eines Unterrichtsprogramms in der Sekundarstufe I.* Hamburg: Kovac.

Mokhlesgerami, J., Souvignier, E. & Gentsch, S. (2006). Förderung von Lesestrategien – Erprobung eines Unterrichtsprogramms in Haupt-, Real- und Gesamtschulen. *Empirische Pädagogik, 20,* 1-22.

Möller, J. & Schiefele, U. (2004). Motivationale Grundlagen der Lesekompetenz. In U. Schiefele, C. Artelt, W. Schneider & P. Stanat (Hrsg.), *Struktur, Entwicklung und Förderung von Lesekompetenz* (S. 101-124). Wiesbaden: VS.

National Reading Panel (2000). *Report of the National Reading Panel: Teaching children to read – an evidence-based assessment of the scientific research literature on reading and its implications for reading instruction.* Washington: NICHHD.

Nix, D. (2006). Das Lesetheater. *Praxis Deutsch, 33,* 23-29.

Palincsar, A. & Brown, A. (1984). Reciprocal teaching of comprehension-fostering and comprehension monitoring strategies. *Cognition and Instruction, 1,* 117-175.

Paris, S.G., Cross, D.R. & Lipson, M.Y. (1984). Informed strategies for learning: A program to improve children's reading awareness and comprehension. *Journal of Educational Psychology, 76,* 1239-1252.

Pieper, I., Rosebrock, C., Wirthwein, H. & Volz, S. (2004). *Lesesozialisation in schriftfernen Lebenswelten.* Weinheim: Juventa.

Pressley, M., El-Dinary, P.B., Wharton-McDonald, R. & Brown, R. (1998). Transactional instruction of comprehension strategies in the elementary grades. In D.H. Schunk & B.J. Zimmerman (Eds.), *Self-regulated learning: From teaching to self-reflective practice* (pp. 42-56). New York: Guilford Press.

Rosebrock, C. (2003a). Lesesozialisation und Leseförderung – literarisches Lesen in der Schule. In M. Kämper van den Boogaart (Hrsg.), *Deutsch Didaktik* (S. 153-174). Berlin: Cornelsen.

Rosebrock, C. (2003b). Wege zur Lesekompetenz. *Beiträge Jugendliteratur und Medien, 55,* 85-95.

Rosebrock, C. (2004). Informelle Lesesozialisationsinstanz Peer-Group. In N. Groeben & B. Hurrelmann (Hrsg.), *Lesesozialisation in der Mediengesellschaft. Ein Forschungsüberblick* (S. 250-280). Weinheim: Juventa.

Rosebrock, C. (2006). Literarische Sozialisation. In H.-J. Kliewer & I. Pohl (Hrsg.), *Lexikon Deutschdidaktik* (S. 441-450). Baltmannsweiler: Schneider.

Rosebrock, C. (2009). Lesekompetenz als Mehrebenenkonstrukt. In C. Rosebrock & A. Bertschi-Kaufmann (Hrsg.) *Literalität. Bildungsaufgabe und Forschungsfeld* (S. 59-72). Weinheim: Juventa.

Rosebrock, C. & Groeben, N. (1998). Literarästhetische Zentrierung der »literarischen Sozialisation«? Ein begriffsanalytisches Streitgespräch. In C. Garbe, W. Graf, C. Rosebrock & E. Schön (Hrsg.), *Lesen im Wandel* (S. 25-39). Lüneburg: Universität Lüneburg.

Rosebrock, C. & Nix, D. (2006). Forschungsüberblick: Leseflüssigkeit (Fluency) in der amerikanischen Leseforschung und -didakik. *Didaktik Deutsch, 20*, 90-112.

Rosebrock, C. & Nix, D. (2008). *Grundlagen der Lesedidaktik und der systematischen schulischen Leseförderung.* Hohengehren: Schneider.

Rühl, K. (2006). *Förderung des Textverstehens. Prüfung der differentiellen Wirksamkeit eines strategieorientierten Unterrichtsprogramms.* Hamburg: Kovac.

Rühl, K. & Souvignier, E. (2006). *Wir werden Lesedetektive* (Lehrermanual und Arbeitsheft). Göttingen: Vandenhoeck & Ruprecht.

Schaffner, E., Schiefele, U. & Schneider, W. (2004). Ein erweitertes Verständnis der Lesekompetenz: Die Ergebnisse des nationalen Ergänzungstests. In U. Schiefele, C. Artelt, W. Schneider & P. Stanat (Hrsg.), *Struktur, Entwicklung und Förderung von Lesekompetenz* (S. 197-242). Wiesbaden: VS.

Scheerer-Neumann, G. (1997). Lesen und Leseschwierigkeiten. In F.E. Weinert (Hrsg.), *Psychologie des Unterrichts und der Schule.* Enzyklopädie der Psychologie, D/I/3 (S. 279-325). Göttingen: Hogrefe.

Schiefele, U. (2004). Förderung von Interessen. In G.W. Lauth, M. Grünke & J.C. Brunstein (Hrsg.), *Interventionen bei Lernstörungen* (S. 134-144). Göttingen: Hogrefe.

Schoenbach, R., Greenleaf, C., Cziko, C. & Hurwitz, L. (2006). *Lesen macht schlau.* Berlin: Cornelsen.

Schön, E. (1999). Geschichte des Lesens. In B. Franzmann, K. Hasemann, D. Löffler & E. Schön (Hrsg.), *Handbuch Lesen* (S. 1-85). München: Saur.

Schön, E. (2002). Einige Anmerkungen zur PISA-Studie, auch aus literaturdidaktischer Perspektive. Oder: Lesen lernt man nur durch Lesen. In K. Franz & F.-J. Payrhuber (Hrsg.), *Lesen heute. Leseverhalten von Kindern und Jugendlichen und Leseförderung im Kontext der PISA-Studie* (S. 72-92). Baltmannsweiler: Schneider.

Schreblowski, S. (2004). *Training von Lesekompetenz.* Münster: Waxmann.

Schubert-Felmy, B. (2003). Umgang mit Texten in der Sekundarstufe I. In M. Kämper van den Boogaart (Hrsg.), *Deutsch Didaktik* (S. 95-116). Berlin: Cornelsen.

Senn, W. & Widmer, P. (2005). Der Beobachtungsfächer. *Praxis Deutsch, 32*, 38-44.

Souvignier, E. & Mokhlesgerami, J. (2005). Implementation eines Programms zur Vermittlung von Lesestrategien im Deutschunterricht. Die Rolle der Lehrenden. *Zeitschrift für Pädagogische Psychologie, 19*, 249-261.

Souvignier, E. & Rühl, K. (2005). Förderung des Leseverständnisses, Lesestrategiewissens und Leseinteresses bei Schülern mit Lernbehinderungen durch strategieorientierten Unterricht. *Heilpädagogische Forschung, 31*, 2-11.

Souvignier, E. & Trenk-Hinterberger, I. (2007). Ein Drei-Stufen-Modell zur Implementation neuer Unterrichtskonzepte in den Schulalltag. In M. Krämer, S. Preiser & K. Brusdeylins (Hrsg.), *Psychologiedidaktik und Evaluation* (S. 197-206). Göttingen: Vandenhoeck & Ruprecht.

Spinner, K.H. (2004). Lesekompetenz in der Schule. In U. Schiefele, C. Artelt, W. Schneider & P. Stanat (Hrsg.), *Struktur, Entwicklung und Förderung von Lesekompetenz* (S. 125-138). Wiesbaden: VS.

Spinner, K.H. (2006). Lust und Technik. In G. Becker, M. Horstkemper, E. Risse, L. Stäudel, R. Werning & F. Winter (Hrsg.), *Diagnostizieren und Fördern* (S. 60-62). Friedrich Jahresheft XXIV. Seelze: Friedrich.

Stanat, P. & Schneider, W. (2004). Schwache Leser unter 15-jährigen Schülerinnen und Schülern in Deutschland: Beschreibung einer Risikogruppe. In U. Schiefele, C. Artelt, W. Schneider & P. Stanat (Hrsg.), *Struktur, Entwicklung und Förderung von Lesekompetenz* (S. 243-273). Wiesbaden: VS.

Streblow, L. (2004). Zur Förderung der Lesekompetenz. In U. Schiefele, C. Artelt, W. Schneider & P. Stanat (Hrsg.), *Struktur, Entwicklung und Förderung von Lesekompetenz* (S. 275-306). Wiesbaden: VS.

Topping, K. (1987). Paired reading: a powerful technique for parent use. *The Reading Teacher, 40*, 604-614.

Trenk-Hinterberger, I. (2006). *Lesekompetenz im Schulunterricht. Evaluation und Optimierung eines strategieorientierten Programms in der fünften Jahrgangsstufe.* Hamburg: Kovac.

Trenk-Hinterberger, I. & Souvignier, E. (2006). *Wir sind Textdetektive* (Lehrermanual mit Kopiervorlagen). Göttingen: Vandenhoeck & Ruprecht.

Van Keer, H. (2004). Fostering reading comprehension in fifth grade by explicit instruction in reading strategies and peer tutoring. *British Journal of Educational Psychology, 74*, 37-70.

Voss, A. & Blatt, I. (2005). Lesetests für die Grundschule. *Praxis Deutsch, 32*, 54-59.

Wasik, B.A. & Bond, M.A. (2001). Beyond the pages of a book: Interactive book reading and language development in preschool classrooms. *Journal of Educational Psychology, 93*, 243-250.

Weinstein, C.E. & Mayer, R.E. (1986). The teaching of learning strategies. In M.C. Wittrock (Ed.), *Handbook of research in teaching* (pp. 315-327). New York: McMillan.

Wieler, P. (1997). *Vorlesen in der Familie. Fallstudien zur literarisch-kulturellen Sozialisation von Vierjährigen.* Weinheim: Juventa.

Wigfield, A. & Guthrie, J.T. (1997). Motivation for reading: An overview. *Educational Psychologist, 32*, 57-58.

Winkler, I. (2005). Auf Spurensuche beim Lesen. *Praxis Deutsch, 32*, 45-53.

Zimmerman, F.J. & Christakis, D.A. (2005). Children's television viewing and cognitive outcomes. *Arch Pediatr Adolesc Med., 159*, 619-625.

Anhang

Die Publikationen der Textdetektive (chronologisch)

1. Souvignier, E., Küppers, J. & Gold, A. (2003a). Lesestrategien im Unterricht: Einführung eines Programms zur Förderung des Textverstehens in 5. Klassen. *Unterrichtswissenschaft, 31*, 166-183.
2. Souvignier, E., Küppers, J. & Gold, A. (2003b). Wir werden Textdetektive: Beschreibung eines Trainingsprogramms zur Förderung des Leseverstehens. *Didaktik Deutsch, 14*, 21-37.
3. Gold, A., Mokhlesgerami, J., Rühl, K., Schreblowski, S. & Souvignier, E. (2004). *Wir werden Textdetektive* (Lehrermanual und Arbeitsheft*)*. Göttingen: Vandenhoeck & Ruprecht.
4. Mokhlesgerami, J. (2004). *Förderung der Lesekompetenz. Implementation und Evaluation eines Unterrichtsprogramms in der Sekundarstufe I*. Hamburg: Kovac.
5. Gold, A. (2005). Textdetektive lesen strategisch. In A. Sasse & R. Valtin (Hrsg.), *Lesen lehren* (S. 13-30). Berlin: DGLS.
6. Rühl, K. (2005). Strategieorientiertes Unterrichten. In A. Sasse & R. Valtin (Hrsg.), *Lesen lehren* (S. 32-41). Berlin: DGLS.
7. Souvignier, E. & Mokhlesgerami, J. (2005). Implementation eines Programms zur Vermittlung von Lesestrategien im Deutschunterricht. Die Rolle der Lehrenden. *Zeitschrift für Pädagogische Psychologie, 19*, 249-261.
8. Souvignier, E. & Rühl, K. (2005). Förderung des Leseverständnisses, Lesestrategiewissens und Leseinteresses von Schülern mit Lernbehinderungen durch strategieorientierten Unterricht. *Heilpädagogische Forschung, 31*, 2-11.
9. Souvignier, E. & Mokhlesgerami, J. (2006). Using self-regulation as a framework for implementing strategy-instruction to foster reading comprehension. *Learning and Instruction, 16*, 57-71.
10. Mokhlesgerami, J., Souvignier, E. & Gentsch, S. (2006). Förderung von Lesestrategien – Erprobung eines Unterrichtsprogramms in Haupt-, Real- und Gesamtschulen. *Empirische Pädagogik, 20*, 1-22.
11. Rühl, K. (2006). *Förderung des Textverstehens. Prüfung der differentiellen Wirksamkeit eines strategieorientierten Unterrichtsprogramms*. Hamburg: Kovac.
12. Rühl, K. & Souvignier, E. (2006). *Wir werden Lesedetektive* (Lehrermanual und Arbeitsheft*)*. Göttingen: Vandenhoeck & Ruprecht.
13. Trenk-Hinterberger, I. (2006). *Lesekompetenz im Schulunterricht. Evaluation und Optimierung eines strategieorientierten Programms in der fünften Jahrgangsstufe*. Hamburg: Kovac.
14. Antoniou, F. (2006). *Improving Reading Comprehension in Students with Special Educational Needs*. Aachen: Shaker.

123

15. Trenk-Hinterberger, I. & Souvignier, E. (2006). *Wir sind Textdetektive* (Lehrermanual mit Kopiervorlagen). Göttingen: Vandenhoeck & Ruprecht.
16. Souvignier, E. & Trenk-Hinterberger, I. (2007). Ein Drei-Stufen-Modell zur Implementation neuer Unterrichtskonzepte in den Schulalltag. In M. Krämer, S. Preiser & K. Brusdeylins (Hrsg.), *Psychologiedidaktik und Evaluation* (S. 197-206). Göttingen: Vandenhoeck & Ruprecht.
17. Souvignier, E. & Antoniou, F. (2007). Förderung des Leseverständnisses bei Schülerinnen und Schülern mit Lernschwierigkeiten – eine Metaanalyse. *Vierteljahresschrift für Heilpädagogik und ihre Nachbargebiete 76, 46-62.*
18. Mokhlesgerami, J., Souvignier, E., Rühl, K. & Gold, A. (2007). Naher und weiter Transfer eines Unterrichtsprogramms zur Förderung der Lesekompetenz in der Sekundarstufe I. *Zeitschrift für Pädagogische Psychologie, 21,* 169-180.
19. Souvignier, E., Trenk-Hinterberger, I., Adam-Schwebe, S. & Gold, A. (2008). *Frankfurter Leseverständnistest für 5. und 6. Klassen* (FLVT 5-6). Göttingen: Hogrefe.
20. Gold, A. & Souvignier, E. (2007). Erfolgreich lernen im Unterricht – Lesestrategien für 5. und 6. Klassen. *Schulmagazin 5-10, 75,* 9-12.
21. Gold, A. & Trenk-Hinterberger, I. (2008). Laut Lesen und Strategisch Lesen. Zwei Konzepte erfolgreicher Leseförderung in der Sekundarstufe. *Praxis Schule 5-10, 19,* 9-13.
22. Gaile, D., Gold, A. & Souvignier, E. (2008). Text Detectives. Strategische Textzugänge wählen. *Englisch 5-10,* 1, 38-41.
23. Gold, A., Trenk-Hinterberger, I. & Souvignier, E. (2009). Die Textdetektive. Ein strategieorientiertes Programm zur Förderung des Leseverständnisses. In W. Schneider & W. Lenhard (Hrsg.), *Diagnose und Förderung des Leseverständnisses* (S. 207-226). Göttingen: Hogrefe.
24. Adam-Schwebe, S. Souvignier, E. & Gold, A. (2009). Der Frankfurter Leseverständnistest für 5. und 6. Klassen. In W. Schneider & W. Lenhard (Hrsg), *Diagnose und Förderung des Leseverständnisses* (S. 113-130). Göttingen: Hogrefe.
25. Souvignier, E. & Gold, A. (2009). Kinder als Lesedetektive. *Die Grundschulzeitschrift, 23,* 56-60.
26. Gold, A. & Rühl, K. (2009). Lesedetektive. Strategieorientierte Leseförderung für Leseschwache. *Fördermagazin, 31,* 14-18.
27. Gaile, D., Gold, A. & Souvignier, E. (2009). Kombiniere, mein lieber Watson! Lesestrategien trainieren, strategische Textzugänge wählen lernen. *Der Fremdsprachliche Unterricht Englisch, 43,* 34-41.

Adressen zur Leseförderung

Das umfassendste Informations- und Wegweisersystem zum Thema Schule und Bildung bietet das Informationszentrum Bildung (IZ Bildung) mit dem Deutschen Bildungsserver. Dort finden sich auch spezifische Informationen zur Leseförderung in Deutschland.
www.bildungsserver.de

Die Stiftung Lesen ist eine Ideenwerkstatt für alle, die Spaß am Lesen vermitteln wollen. Sie entwickelt und realisiert zahlreiche Projekte, um das Lesen in der Medienkultur zu stärken.
www.stiftung-lesen.de

Der Aktionsrahmen der Bund-Länder-Kommission *Lesen in Deutschland* hat Angebote zur außerschulischen Förderung der Lesekultur in einem Online-Magazin zusammengestellt. Dort finden sich auch Übersichtsseiten zur Lesekultur in den Ländern, Leseempfehlungen und Buchrezensionen sowie Verweise auf Vor-Ort-Initiativen.
www.lesen-in-deutschland.de

Zur frühen Leseförderung durch Vorlesen findet man Initiativen und Projekte zu Vorlese-Seminaren und Vorlese-Clubs unter:
www.wirlesenvor.de
www.deutschland-liest-vor.de

Die Deutsche Gesellschaft für Lesen und Schreiben (DGLS) ist eine Sektion der International Reading Association (IRA), die sich für die Förderung der Schrift- und Sprachkultur einsetzt. Sie vereint Lehrerinnen und Lehrer sowie Wissenschaftler(innen), die auf dem Gebiet des Lesens forschend oder in der praktischen Vermittlung tätig sind.
www.dgls.de

Das Institut für Jugendbuchforschung an der Johann Wolfgang Goethe-Universität Frankfurt am Main bietet einen Teilstudiengang »Kinder- und Jugendliteraturwissenschaft« an. Das Institut beheimatet die größte Kinder- und Jugendbuchsammlung Deutschlands.
www.uni-frankfurt.de/fb/fb10/jubufo/

Einzelne Maßnahmen zur Leseförderung finden sich z.B. unter:
www.lesefoerderung.de
www.erlebnis-lesen.de
www.klassebuecher.de
www.kinderbuchforum.de

Eine im Auftrag des Bundesministeriums für Bildung und Wissenschaft herausgegebene wissenschaftliche Expertise zur Förderung von Lesekompetenz ist im Jahr 2005 erschienen. Sie findet sich unter:
www.bmbf.de/pub/bildungsreform_band_siebzehn.pdf

Informationen zu wissenschaftliche Studien zum Thema Lesen finden sich z.B. unter:
www.uni-koeln.de/dfg-spp-lesesoz/
www.erzwiss.uni-hamburg.de/IGLU/
www.pisa.ipn.uni-kiel.de/
www.mpib-berlin.mpg.de/en/PISA/
www.desi.de

Wenn Sie noch mehr über die Textdetektive wissen wollen:
www.textdetektive.de

Effektstärken in den empirischen Studien

Autoren der Studie	Schulform	Stichprobe (Schüler/Klassen)	d-Werte LS Vorher-Nachher	d-Werte LS Vorher-Follow-up	d-Werte LV Vorher-Nachher	d-Werte LV Vorher-Follow-up
Mokhlesgerami (2004)	**Gymnasien**	N = 593/20				
Textdetektive			LS-V = .38^{ns}	LS-V = .82	LV = .18^{ns}	LV = .34
			LS-M = .53^{ns}	LS-M = .00^{ns}		
			LS-A = .51	LS-A = 1.11		
Trenk-Hinterberger (2006)	**Gymnasien**	N = 779/27				
Textdetektive			LS-V = .44	LS-V = .26	LV = .14	LV = .14^{ns}
			LS-M = .52	LS-M = .05^{ns}		
			LS-A = .26^{ns}	LS-A = .19^{ns}		
Textdetektive mit Wiederholungsstunden				LS-V = .32		LV = .53
				LS-M = .17^{ns}		
				LS-A = .44		

Mokhlesgerami et al. (2006)	**Haupt-, Real-, Gesamtschulen**	N = 567/28				
Textdetektive			LS-V = .10^{ns} LS-M = .34 LS-A = .57	LS-V = .20^{ns} LS-M = -.01^{ns} LS-A = .30	LV = .11^{ns}	LV = .04^{ns}
Rühl (2006)	**Haupt-, Real-, Gesamtschulen**	N = 563/24				
Textdetektive			LS-V = .23^{ns} LS-M = .44 LS-A = .57	LS-V = .02^{ns} LS-M = .23^{ns} LS-A = .38^{ns}	LV = -.05^{ns}	LV = .01^{ns}
Souvignier & Rühl (2005)	**Lernhilfe**	N = 130/13				
Lesedetektive			LS-V = 1.26 LS-M = .53		LV = .29	
Antoniou (2006)	**Lernhilfe**	N = 268/27				
Lesedetektive			LS-V = .44 LS-M = .74	LS-V = .63 LS-M = .55	LV = .37	LV = .44

Legende: LS-A = Lesestrategien Anwenden; LS-V = Lesestrategien Verstehen; LS-M = Metakognitives Wissen über Lesestrategien; LV = Leseverständnis. Die Abkürzung n.s. bedeutet, dass die statistische Prüfgröße nicht signifikant ausfiel.

Lesen lernen mit den Textdetektiven

Andreas Gold / Judith Mokhlesgerami / Katja Rühl / Elmar Souvignier / Stephanie Schreblowski
Wir werden Textdetektive
Arbeitsheft

3. Auflage 2006. 48 Seiten mit zahlreichen Zeichnungen von Judith Mokhlesgerami, 8 Detektivkärtchen als Beilage, kartoniert
ISBN 978-3-525-70158-4

Sieben ›Detektivmethoden‹ und ein Leseplan üben den selbstgesteuerten Lese- und Lernprozess ein.

Andreas Gold / Katja Rühl / Elmar Souvignier / Judith Mokhlesgerami / Stephanie Schreblowski
Wir werden Textdetektive
Lehrermanual

2. Auflage 2006. 112 Seiten mit zahlreichen Zeichnungen von Judith Mokhlesgerami, kartoniert
ISBN 978-3-525-31005-2

Isabel Trenk-Hinterberger / Elmar Souvignier
Wir sind Textdetektive
Lehrermanual mit Kopiervorlagen

2006. 48 Seiten, kartoniert
ISBN 978-3-525-31006-9

Katja Rühl / Elmar Souvignier
Wir werden Lesedetektive
Arbeitsheft

2006. 40 Seiten mit vier Detektivkärtchen als Beilage, kartoniert
ISBN 978-3-525-70159-1

Katja Rühl / Elmar Souvignier
Wir werden Lesedetektive
Lehrermanual mit Kopiervorlagen

2006. 72 Seiten, kartoniert
ISBN 978-3-525-31007-6

Für den Englischunterricht:

Dorothee Gaile / Andreas Gold / Elmar Souvignier
Text Detectives
Student's Workbook

2007. 32 Seiten mit zahlr. Abbildungen und 1 Beilage, kartoniert
ISBN 978-3-525-79004-5

Dorothee Gaile / Andreas Gold / Elmar Souvignier
Text Detectives
Teacher's Manual

Mit Zeichnungen von Katrin Wolff. Detektivkärtchen: Judith Mokhlesgerami und Katja Rühl
2007. 64 Seiten mit zahlr. Abbildungen, DIN A4, kartoniert
ISBN 978-3-525-79005-2

Vandenhoeck & Ruprecht